강점 육아

작은 그릇에 많이 담지 않는다	_ 61
적기교육의 성공 포인트는 부모의 소신	_ 66
공부는 다음! 재미가 우선이다	_ 73

2장 눈과 귀를 열어 아이의 도전 욕구를 들어라

1. 세상의 변화를 이끄는 능력, 자기주도성

자기주도성이 강한 아이는 흙으로도 금수저를 빚는다	_ 81
엄마 주도성이 갉아먹는 아이의 주도성	_ 83
집안일을 함께 하는 것만으로도 성취 경험이 길러진다	_ 87
시켜서 하는 아이 VS. 선택한 일을 스스로 하는 아이	_ 90
자기주도학습은 혼자 하게 하는 공부가 아니다	_ 95
공부 습관, 노력하는 인생으로 이어진다	_ 98
생각하는 시간만큼 성장한다	_ 103

2. 세계 1등을 만든 마음의 힘, 자존감

글쓰기와 셈하기보다 중요한 자기 사랑하기	_ 109
역경에 맞서는 아이 VS. 주저앉는 아이	_ 111
자존감을 키워주는 특급 칭찬	_ 115
잘못을 지적하기보다 잘한 점을 더 칭찬한다	_ 119
자존감 낮은 부모가 무기력한 아이를 만든다	_ 122

3. 꿈을 현실로 만드는 힘, 자기조절력
'자기조절력'이 진정한 실력 _ 128
기다릴 줄 아는 아이 공부도 잘한다 _ 138
중독에 빠지는 아이들, 시작은 부모로부터! _ 142
공감능력이 발달하면 엄친아가 될 수 있다 _ 146

3장 부모의 습관이 아이의 잠재력을 두 배로 키운다

1. 글로벌 인재로 키우는 부모의 습관
개성과 다양성을 존중한다 _ 159
자기성찰에 인색하지 않은 부모 _ 163
실패의 경험을 소중하게 여긴다 _ 166
생의 목적을 알게 한다 _ 168
롤모델의 발자취를 따라 걷게 한다 _ 173

2. 융합 인재를 키우는 엄마의 센스
세계를 움직이는 큰손, 융합 인재 _ 179
엄마의 다양한 관심을 공유한다 _ 182
재능을 두 배로 키워주는 강점교육을 실천한다 _ 186
미래형 인재의 조건! 문제해결력을 길러준다 _ 188

3. 독서로 세상을 가르치는 부모의 지혜

어디에서나 뛰어난 아이, 독서하는 습관이 만든다 _ 193
학업능력을 키워주는 어휘력의 바탕, 독서력 _ 196
책으로 길러주는 인문학적 사고 _ 199
엄마의 독서로 만들지 말자 _ 203
책 읽어주는 부모 되기 _ 207
가족 독서의 힘 _ 211

4. 예술적 재능을 길러주는 창의적 습관

새로운 것을 창조하는 힘, 메이커 교육 _ 217
미술은 종합학문! 미술에 한정시켜 가르치지 않는다 _ 219
미술관을 함께 가는 부모 _ 224
창의적인 부모가 창의적인 아이를 만든다 _ 226
예술적 재능은 끈기와 인내로 커진다 _ 231

5. 도전하는 아이로 키우는 열성적인 부모의 태도

인품 좋은 부모가 진정성 있는 아이를 키운다 _ 235
극성 부모 VS. 열성 부모 _ 239
결과보다 내용을 보는 부모 _ 243

들어가는 말

아이의 가능성을
발견하고 키워주는 부모

저는 엄마를 부르는 '맘(Mom)'이라는 말처럼 엄마인 자신과 아이의 '맘(마음)'을 들여다보는 존재가 되자는 말을 하곤 합니다. 과한 욕심으로 "남보다 앞서가라"고 말하기보다 "네가 하고 싶은 일을 꿈꾸며 멀리 바라 봐라"라는 따뜻한 말을 건네며 '마음을 읽어주는 부모가 되자'는 바람을 담은 말이기도 합니다. 그런데 주변을 보면 '사랑'이라는 이름으로 아이의 자율성을 억압하고 아이의 '성공'을 위한 것이라는 핑계로 자신의 꿈을 주입시키려 하는 부모를 많이 보게 됩니다. 기저귀만 떼도 "뭘 가르쳐 볼까?"라며 정보 찾기에 바쁜 '조급증 부모'에 빽빽한 공부 스케줄을 짜 놓고 초등학교 저학년, 빠르게는 유치원 시절부터 학원을 전전하게 만드는 '매니저형' 부모도 많습니다. 이렇게 자란 아이들은 '배움의 소화불량 상태'에 빠져버려 새로운 것을 알아가는 달콤한 재미를 깨닫기도 전에 "난 공부가 싫어, 포기!"를 외치기도 합니다. 끝이 보이지 않는 힘겨루기 속에서 부모는 수천 번 "안 돼!"라는 말을 하고 아이는 또 수만 번 "싫어!"를 외칩니다.

반짝이는 눈빛, 호기심 가득한 시선으로 세상을 바라보고 즐겁게 탐색해 나가야 할 시기에, 여유 없이 살아가며 자신의 가능성을 발견할 기회조차 잃어가는 아이들의 모습이 참으로 안타깝습니다. 그래서 부모들에게 이런 메시지를 전하고 싶었습니다. "아이들은 놀면서도, 지금 이 순간에도, 눈에 보이진 않더라도 무한한 잠재력을 키워나가고 있는 가능성 덩어리입니다. 작은 눈이 반짝이고, 미소가 번지는 순간을 놓치지 마세요. 좋아하고 잘하는 것을 발견하고 강점으로 키워준다면 자신감의 힘을 자양분 삼아 행복한 성공을 이룰 수 있을 겁니다."라고 말이죠.

저는 방송작가로 일하고 칼럼과 책을 쓰면서 세계적인 명사와 석학, 국내 명사와 스타, 사회 리더들까지 소위 '성공한 인물'로 불리는 수많은 사람들을 만났습니다. 그들의 이야기에 귀 기울이고 삶의 궤적들을 들여다보다 보니 느낀 점이 있었습니다. 사교육을 많이 받아 공부를 잘한 사람도, 고루 배우고 많이 경험해서 다양한 재능을 갖춘 사람도 있었지만 한 분야에서 눈부신 성공을 거둔 이들은 결국, 자신이 좋아하고 관심이 있는 일을 찾았기에 치열한 삶 속에서도 즐겁게 도전을 이어갈 수 있었다는 것이었습니다. 또 무섭게 몰입하며 실력을 쌓아나갈 수 있었다는 것도 말이죠. 스스로 인생을 개척하고 노력해 나가며 '행복한 성공'을 이룬 사람들의 눈빛에는 자신감이 넘쳤고 긍정적인 에너지로 가득했습니다.

'행복한 성공'의 길로 이끌어주기 위해서는 부모가 길잡이가 되어주어야 합니다. 그런 부모들에 관한 이야기를 하기 위해 제 고등학교 시절의 이야기를 잠시 해볼까요? 저는 눈이 오면 수업을 중단하고 전교생이 토끼잡이를 하는 시골의 작은 학교, 거창고등학교를 다녔습니다. 인성과 자율성 교육에 앞장서는 곳이었습니다. 봄이면 며칠 동안 체육대회를, 가을이면 합창과 연극 등 다양한 예술행사가 펼쳐지는 예술제를 우리의 손으로 기획하고 준비하고 개최했죠. 행사 준비를 위해 며칠씩 수업을 단축하고 연습을 하기도 했습니다. 물론 전교생이 '놀 때는 열심히! 놀고 난 뒤에는 더 열심히 공부하자!'라는 자발적인 분위기가 조성돼 있기도 했지만, 관심 있는 활동을 스스로 탐색하고 선택하고 마음껏 활동하면서 즐거운 경험에 몰입하다 보니 '무엇을 좋아하고 잘하는지' 강점을 발견할 수 있었습니다.

부모가 되어 생각해 보니, 적어도 '공부에만 올인' 하지 않는 학교임에도 불구하고 멀고 먼 시골까지 학교를 보낸 부모들은 '아이 스스로 공부하고 자신의 강점을 키우고 인생을 설계할 수 있는 멋진 몇 년'을 선물하고자 했던 멋진 분들이라는 생각도 듭니다. 아마 이런 마음은 어느 날 갑자기 생기게 된 것은 아니었을 겁니다. 어린 시절부터 아이의 자율성을 키워주고 좋아하는 일을 스스로 찾도록 한 '현명한 육아철학'을 가지고 노력했던 분들일 겁니다. 그런데 알고 보면 이렇게 열심히 노는 아이들이 공부도 잘하는 경우도 많습니다. 몇 년 전 우연히 기사를 읽었더니 '마음껏 놀고 열심히 공부하는 거창고' 아이들의 대학진학률도 꽤 높았습니다. 소위 SKY라고 말하는 명문대 진학이 30% 정도나 됐다더군요. 전교생이 학원을 거의 다니지 않는데도 말이죠. 물론 자율성을 누리는 대신 그에 따른 책임감도 가지기 때문이겠죠. '스스로 좋아하는 것을 선택하고 몰입하는 데서 오는 힘'의 위력을 또 한 번 느꼈습니다. 그래서 학원을 다니지 않고도 노는 것만큼이나 열심히 공부도 할 수 있었던 것이겠죠. 어떤 직업을 가졌든지 그때의 친구들은 하고 싶은 일이 무엇인지 많이 고민한 과정과 치열하게 노력했던 학창시절의 경험이 각자의 위치에서 보람 있고 행복하게 살아갈 수 있게 하는 밑바탕이 되었다고들 말합니다.

저는 이러한 경험과 아이들의 '행복한 성공'을 응원하는 마음을 담아 《강점 육아》를 펴내게 되었습니다. 책에는 아이가 태어나서부터 초등학교 저학년에 이르기까지 아이의 발달 시기와 속도에 따른 육아조언을 담았고, 이후에도 지속적으로 길러주어야 할 '자기주도성'과 '자존감', '자기조절력' 등 중요한 요소들도 소개했습니다. 세계적인 피아니스트와 가수, 스포츠 스타, 수능 만점자까지 한 분야에서 최고에 오른 이들과 부모들의 이야기도 생생하게 담았습니다. 자녀의 작은 가능성도 놓치지 않고, 키워주면서 늘 믿음으로 지켜봄으로써 '행복한 성공'을 이끌어준 부모들의 이야기입니다.

여행을 할 때 너무 많은 곳을 빠르게 다니다보면 많은 것을 볼 순 있지만 정작 가슴 속에 남는 것은 많지 않죠. 육아도 마찬가지입니다. '남 보다 뒤쳐질 것 같은 불안감'으로 힘든 마음을 읽어주지 못한 채, 빠르게 달려 나가기만을 강요하지 마세요. '우리 아들은 무슨 생각을 하고 있을까?', '우리 딸은 무엇을 꿈꾸고 있을까?' 마음의 소리에 귀 기울이고 많이 대화하다 보면 조금은 느린 걸음으로 걷더라도 우리 아이들은 값진 것들을 배우고 많은 것을 가슴에 담을 수 있는 멋진 인생 여행을 할 수 있을 테니까요.

지나간 시간은 다시 오지 않습니다. 지금 이 순간, 더 많이 안아주고 사랑하세요. 서로의 눈을 바라보면서 활짝 웃어보세요. 당장은 거창한 장점이 발견되지 않더라도 아이의 진정한 행복이 무엇인지 늘 고민하는 부모라면 무한한 사랑의 교감 속에서 분명, 강점으로 발전할 수 있는 '아이의 가능성'을 발견할 수 있을 것이라 믿습니다.

마지막으로 완벽한 엄마는 아니지만 '좋은 엄마'라는 말로 항상 힘이 되어주며 저보다 더 육아에 적극적으로 동참해 주는 남편, 글 쓰는 내내 바쁜 엄마를 많이 이해해 주고 집안일도 도와주며 자신의 일에도 최선을 다하는 사랑하는 혜준, 혜윤이에게도 고마움을 전합니다. 우리 아이들이 반짝이는 눈으로 세상을 아름답게 마주하고, 자신의 삶을 즐겁게 이끌어가는 주인으로 성장해 나갈 수 있길 바랍니다.

_ 윤옥희

1장

부모라는 환경이
아이의 미래를 바꾼다

1

1등 지상주의!
난치병에 걸린 부모들

**오디션 인생을
사는 아이들**

쿵쿵쿵. 힘찬 심장박동 소리, 꼬물꼬물 뱃속의 작은 꿈틀거림에도 무한한 기쁨과 경이로움을 느끼는 순간. 비로 모성을 발견하는 때이다. 열 달을 아이와 한 몸이 되어 세상과 만날 숭고한 순간을 기다리는 부모. 한결 같은 바람을 가져본다.

"건강하게만 자라줘."

조금만 열이 나도 말 대신 몸으로 아픔을 표현하고 슬픔도

괴로움도 울음으로밖에 말하지 못하는 작은 존재. 그때 부모들은 말 못 하는 아이의 마음을 읽기 위해, 손짓과 발짓 온몸으로 표현하는 모든 언어를 읽기 위해 얼마나 애를 썼는가. 하지만 아이러니하게도, 아이들은 자라서 원하는 것을 말로 표현할 수 있게 됐지만 오히려 부모의 '마음 읽기' 노력은 희미해져가는 것만 같아 안타깝다. 문제는 '초심'이다.

부모의 큰 기대를 업고 어둑어둑한 이른 아침부터 밤늦게까지 책상에 앉아 그저 진득하게 오래 공부해야 대학에 척 붙는다며 부모님들이 귀가 닳도록 말씀하셨던 '엉덩이 힘'을 믿었던 우리가 아니던가. 하지만 극기 훈련에 가까웠던 공부의 기억들이 떠오를 때면 분명 누구나 한 번쯤은 "나중에 엄마가 되면 우리 아이는 누가 뭐래도 자유롭게 키울 거야"라고 목 놓아 외쳤을 거다. 그런데 아이를 키우다 보면 어떤가. 건강하게만 자라 달라고 바랐던 초심은 까마득해지는 경우가 많다. 나는 육아와 교육에 대한 칼럼을 쓰면서 강의도 하고 15년 이상 방송작가로 일하면서 많은 교육 프로그램들을 만들기도 했는데 그간 초심을 잃은 부모들을 볼 때마다 안타까운 마음이 들었다. 아이의 성적에 지나치게 집착하다가 기대한 만큼의 결과가 나오지 않으면 크게 실망하고, 그러다 보니 "공부해라"라는 소리를 입버릇처럼 달고 다니면서 부담을 주고, 결국 아이와 부모의 갈등만 깊어지는 경우를 많이 봤기 때문이다. 부모들이여, 승자독식, 1등 지상주의에서 그만 벗어나자.

아이들의 인생을 보면 그야말로 '오디션의 연속'이다. 늘 긴장되는 도전과 학습, 냉정한 평가까지 받아야 하는 경쟁 속에 놓여 있다. 한 음악 오디션의 심사위원이 "한 끗이 있어요"라며 합격자를 가리는 모습이 인상적이었는데, 무한경쟁 시대에 남과는 차별화된 '한 끗'을 갖기란 수많은 실력자 중에서 합격자를 가리는 오디션 만큼이나 쉽지 않다. 하지만 우리 아이야말로 남과는 다른 아이, 특별한 사람으로 키우겠다는 부모의 지나친 욕심이 아직 자신의 잠재력과 가능성을 발견하지도, 일깨우지도 못한 아이들을 병들게 한다. 이는 꽃이 활짝 피기도 전에 말려버리는 것과도 같다. 한 정신과 의사는 이처럼 치열하고도 소모적인 경쟁 환경 때문에 우리나라 고교생 가운데 70%가 우울증세를 느낀다면서 안타까워했다.

"공부에 대한 부담감으로 우울증과 스트레스가 심한 아이들이 있는데, 이런 아이들은 집중을 잘 하지 못해 결국 학습부진으로 이어지게 됩니다. 심할 경우에는 학습장애로까지 이어져 치료를 받는 상황까지도 생깁니다. 좋은 성적을 받게 하려고 너무 큰 부담을 주면 오히려 공부를 포기하게 되는 나쁜 결과를 초래할 수도 있습니다. 성적이 떨어지는 것보다 더 무서운 것이 '공부를 놓아버리는 것'이라는 점을 부모들은 명심해야 합니다."

이 의사의 경고처럼 대학생 아들을 둔 한 지인은 공부에 흥미를 갖고 몰입할 중학생 시기에 오히려 공부를 놓게 만들었다며 한숨을 푹푹 쉬었다. 특목고 합격은 따 놓은 당상이었던 모범생 아들이 시험을 앞두고 밤낮 주말도 없이 학원에서 공부만 하다 학원이 문을 닫은 며칠 동안 친구들과 동네 이곳저곳을 다니면서 신나게 놀게 됐다. 그것이 문제였다. 뒤늦게 설탕 같은 달콤한 맛에 빠져버려 그만 공부를 놓아버리고 만 것이다. 이렇게 된 데에는 학생들에게 '공공의 적'으로 불리는 비교 유발자 동네 엄마들도 한몫했다. "걔는 무조건 합격이야", "주말이 어디 있어. 최상위 아이들은 조금만 풀어봐도 합격-불합격이 갈리는 것 몰라? 이때는 무조건 달려야 돼!" 이런저런 말들에 휩쓸려 엄마는 그만 아이를 숨 쉴 틈도 없이 채찍질하고 말았던 것이다. 특목고는 물론 '서울대는 따 놓은 당상'이라는 말을 귀에 박히도록 들었던 공부 잘하는 아들이었지만 가까스로 서울의 중하위권 대학에 합격했다. 엄마는 재수를 권

해봤지만 아들은 아주 단호했다. "엄마, 이제 다시는 그 시절로 돌아가기 싫어요." 되돌아갈 수 없는 길. 바로 우리의 이야기가 될 수도 있다.

언젠가 〈도깨비〉라는 드라마를 보니 남자 주인공이 사랑하는 여인에게 "날이 좋아서, 날이 좋지 않아서, 날이 적당해서, 모든 날이 좋았다"라고 말하면서 사랑하는 마음을 표현하는 장면이 있었는데 이 대사가 정말 인상적이었다. 작은 바람이지만, 좋은 날도 궂은 날도 있는 인생길에서 우리 부모들도 늘 아이들에게 이런 마음이면 얼마나 좋을까 하는 생각도 들었다. 초보 엄마, 아빠였던 시절에 조건 없이 모든 순간 아이에게 주었던 절대 사랑, 그 초심을 잊지 말고 한 걸음만 뒤로 물러서서 아이들의 입장을 생각해보자. 그러면 1등 지상주의라는 부모들의 불치병도 하루 빨리 치유될 수 있지 않을까?

아이의 눈이 반짝이는 순간, 위대한 발견의 타이밍

_____ 이런 유머가 있다. 갖은 고생 끝에 정상에 오른 나폴레옹이 정상에 다다른 순간 부하들에게 한 마디를 전

했는데 모두 쓰러지고 말았단다. 나폴레옹이 모두가 뒤집어질 만한 반전의 한 마디를 뱉었기 때문인데, 그 말은 바로 "이 산이 아닌가벼"였다. 들을 때는 그냥 웃고 넘겼는데 가만히 생각하니 씁쓸해졌다. 아이가 엄마가 가라는 방향으로 기대에 맞춰 열심히 살았고 좋은 대학도 들어가고 번듯한 직장에도 들어갔는데 어느 순간 '진정 내가 원하는 일은 따로 있다', '이 길이 나의 길이 아닌 것 같다'는 생각이 드는 비상사태가 일어난다면? 얼마든지 있을 수 있는 일이다. 왜 이런 일이 벌어지는 걸까?

그것은 바로 부모가 '아이의 가능성'을 놓치고 있기 때문이다. '가능성'은 앞으로 무엇을 잘 할 수 있는지 가슴과 머리 속에서 꿈틀거리는 성공 DNA, 다른 말로 하면 '앞으로 실현될 수 있는 일' 또는 '꿈을 현실로 만들 수 있는 잠재력'이기도 하다. 하지만 눈과 귀가 닫힌 부모는 아이가 어떤 도전을 하고 싶어 하는지, 무엇을 잘 할 수 있을지 알아채지 못한다.

세상에 한번 태어난 이상, 누구나 있는 힘을 다해 꽃처럼 활짝 피어보고 싶은 마음이 있다. 그런 마음을 알아보고 도와줘야 할 사람이 바로 부모다. 가능성을 무한대로 키워갈 수 있는 어린 아이들이 부모의 신뢰라는 인정과 사랑의 물을 먹지 못하면 제대로 꿈을 펼쳐보기도 전에 '가능성의 성장판'이 닫혀버리는 비극적인 결과를 초래할 수도 있다. 따라서 늘 아이가 좋아하는 일이 무엇인지 알아보고, 잘 하는 것이 될 수 있도록 이끌어주는 일, 이것이 꽃이 아름답게 만개하도록 돕는 부모의 중요한 역할이다.

'아시아의 별'로 불리는 인기 스타 보아. 일본 오리콘 차트에서 숱하게 1위를 기록했고 일본 열도를 석권한 데다 세계 팝시장의 중심지 미국 진출까지 성공적으로 해내며 가수에서 연기자로의 도전도 성공한 만능 엔터테이너다. 만 14살의 어린 나이에 데뷔했음에도 불구하고 어른보다 뛰어난 노래와 춤 실력, 카리스마로 화제를 모았다. 더구나 2001년 17살의 보아는 당시만 해도 불모지로 여겨졌던 일본시장에 진출해 큰 성공을 거두며 숱한 화제를 뿌렸다. 그리고 '최연소 아이돌', '원조 한류스타'에서 '만능 엔터테이너'에 이르기까지 끊임없이 도전하고 발전해나가면서 큰 사랑을 받고 있다. 보아의 이야기를 꺼낸 이유는 그녀의 성공에 어머니가 큰 힘이 되어주었기 때문이다. 당시만 해도 모든 것이 신기원처럼 보였던 일들을 해낼 수 있었던 것은 어린 시절 보아의 음악적 재능과 춤에 대한 열정을 알아보았던 어머니 성영자 씨의 관심과 관찰 덕분이었다.

성영자 씨는 딸에게 가수로서의 이른 재능을 발견했던 첫 계기를 들려주셨다. 보아가 3살 무렵, 말을 갓 배우기 시작해 발음도 정확하지 않았던 때에 가족을 깜짝 놀라게 만들었던 일이 있었다고 한다. '그녀를 만나기 100미터 전'이라는 노래가 흘러나오고 있었는데 3살밖에 안 된 보아가 그 빠른 노래를 한 번 듣고 단번에 따라 하는 게 아닌가. 어머니는 그때 음악에 대한 남다른 재능을 발견했다고 한다.

"보아는 3~4살 때부터 노래와 춤을 유독 좋아했어요. 처음에는 저도 나중에 가수하면 잘하겠다는 생각만 막연히 했는데, 자세히 들어보니 달랐어요. 어른도 한 번 듣고 부르기 힘든 노래인 데다 그 또래 아이 같지 않게 음정도 꽤 정확했고 음색도 청아했어요. 노래 부를 때에는 또 눈이 반짝반짝 빛이 나더라고요. 그냥 좋아하는 것이 아니라 정말 노래를 좋아하는구나 생각했죠. 또래 아이들보다 노래에 소질이 있다는 것을 그때 느낄 수 있었습니다."

초등학교 시절, 보아는 춤에도 남다른 열정을 보였다고 한다.

"키가 큰 애부터 작은 애까지 한 줄로 세워놓고 뭔가를 하고 있기에 뭘 하나 봤더니 춤과 노래를 가르쳐주고 있더라고요. 그런데 그냥 가르쳐주는 것이 아니라 엄마인 제가 봐도 잘 하는 것 이상이더라고요. 자신감이 넘쳤고 리더십도 대단하더라고요. 그때 느낀 것이 있었어요. 저 열기를 말리면 안 되겠구나….”

어린 보아에게서 '열정'을 보았던 어머니는 '가수로서의 가능성'을 다시 한 번 느낄 수 있었고 '확신'으로 이어지기까지 오래 걸리지 않았다고 한다.

"좋아하는 일을 하니까 배우는 속도도 남다르더라고요. 노래를 녹음해 틈만 나면 연습을 반복했고, 춤을 출 때도 '초등학생이 저렇게 어려운 안무 동작을 따라할 수 있을까' 하는 생각이 들 정도로 척척 해내더라고요. 그러더니 우연히 한 무대에 섰는데, 그걸 보고 15개의 기획사에서 러브콜이 왔어요. 그때 딸의 가능성을 또 한 번 확신할 수 있었죠."

3년 간의 치열했던 연습생 생활. 그리고 17살에 도전했던 일본 진출, 학생보다는 가수를 선택하기 위해 검정고시를 치르고 새 인생을 개척하기까지 수많은 도전의 과정에서 조바심도 걱정도 많았지만, 성영자 씨는 보아의 재능이 더 큰 가능성을 열 것이라는 믿음을 늘 놓지 않았다고 했다. 연습을 마치고 돌아오면 새벽이었던 고된 연습생 생활 속에서도 꿈에 대한 열정은 한결 같았기 때문이라고 했다.

"피곤하지 않냐고 물으면 항상 같은 대답을 해요. '하나도 안 피곤해요. 제가 좋아하는 일을 하니 오히려 즐거운걸요.'"

학업까지 포기하고 도전해야 했던 일본행. 걱정이 많았던 엄마에게 그때도 확신을 심어주었다고 했다.

"엄마, 내 선택을 믿어주시면 좋겠어요. 일본에서 일어도 배우고 트레이닝도 받고 싶어요. 다 잘 될 거예요."

아이들은 모든 가능성과 무한한 능력을 안고 태어난 작은 우주다. 겉으로 드러나는 모습은 다르지만 저마다 한 가지씩은 잘하는 것을 가지고 태어나는 놀라운 존재들이다. 부모는 이 가능성에 주목해야 한다. 인지능력, 감성, 판단능력이 발달하면서 '나는 노래하는 게 너무 좋아'라는 마음을 갖는 것처럼 자신이 좋아하는 일이 무엇인지 느끼고 몰입할 때 가능성은 점차 실력으로 발전해나갈 수 있기 때문이다.

하지만 어떤 가능성을 발견했을 때 '우리 딸은 음감이 좋으니까 가수로 반드시 성공시키겠어'라며 엄마의 시각으로 아이의 꿈을 설계하지는 말자. 가능성을 발견하는 것은 부모지만, 그 가능성이 어떤 모습으로 꽃을 피울지는 아이의 마음과 노력에 달려 있기 때문이다. 부모는 단지 아이가 꿈꿀 기회를 잃지 않고 원할 때 꿈을 향해 날개를 펼칠 수 있도록 따뜻한 눈빛으로 지켜봐주면 된다. 특히, 인지능력이 많이 발달하지 못한 유아기에 아이가 좋아하는 일을 놀이로 자주 즐길 수 있게 하자. 작은 성취를 반복적으로 경험하면서 칭찬받고 인정받는 경험은 긍정적인 삶의 에너지로 작용해 '진취적인 삶의 자세'와 '도전 정신'을 가진 어른으로 성장해나갈 수 있게 한다.

가능성을 키워주는
부모 되는 법

세계 역사의 한 획을 그은 인재들의 뒤에는 아이의 특별함을 눈여겨보고 절망의 끝에서 패자부활의 기회를 주었던 부모가 있었다. 단점보다는 장점을 극대화시켰고 비난보다는 격려를 앞세웠던 현명한 부모들이다.

이해력이 부족해 수업을 따라가지 못했던 학습부진아 아인슈타인. 괴짜 같은 질문과 행동으로 학교에서 가르치길 거부했던 에디슨도 '남과 다름'을 '특별함'으로 인정해주었던 어머니가 있었다. 열등감과 상처로 얼룩진 어린 시절을 보낸 영화계의 거장 스티븐 스필버그의 아버지는 열세살 아들을 깨워 멀리 사막에까지 데려가 쏟아지는 별똥별을 보여주며 상상력을 펼칠 수 있게 도와주는 열정이 있었고, 몇 년 후 그의 첫 영화 '불꽃'이 탄생할 수 있었다. 제너럴 일렉트릭(GE)의 최연소 최고경영자가 되어 GE를 세계 최고 기업으로 성장시킨 '세기의 경영인' 잭 웰치에게는 말더듬이었던 어린 시절 "머리 회전이 빨라 입이 머리의 속도를 못 따라가 그렇단다"라며 위로를 해주었던 어머니가 있었다.

저런 특별한 사례가 아니더라도 많은 어머니들이 사랑이라는 이름으로 자녀에게 헌신과 희생을 마다하지 않지만, 그 결과는 천차만별이다. 그렇다면 도대체 어디에서부터 단추가 잘못 끼워지는 걸까? 아이에게서 발견한 가능성을 꽃피우려면 어떤 점을 잊지 말아야 할까? 두 아이의 엄마인 나도 많이 고민했던 대목인데, 긴 고민 끝에 고개를 끄덕이게 하는 구절을 《창가의 토토》라는 책에서 찾을 수 있었다.

이 책은 일본의 유명 방송인 구로야나기 테츠코가 자신의 자전적 이야기를 담은 베스트셀러로, 문제아로 찍혀 초등학교에서 퇴학을 당했던 어린 아이의 성장과 변화를 담은 소설이다. 책 내용은 이렇다. 괴짜 같은 생각과 돌발 행동으로 초등학교 1학년 때 퇴학을 당했던 토토는 전교생 50명도 채 안 되는 작은 학교에서 평생의 은인이라 할 수 있는 교장선생님을 만나면서 즐거운 경험들을 하게 되고, 결국 창의적이고 좋은 인성을 가진 아이로 성장해나갈 수 있었다는 이야기다. 실제로 이 학교를 통해 자신감을 잃지 않고 자율성과 창의성을 키웠던 그녀는 유명 방송인으로, 베스트셀러 작가로 남들이 인정하는 성공한 삶을 살 수 있었는데 책의 끄트머리에는 교장선생님의 훌륭한 교육방침에 대해 소개한 구절이 있다.

어떤 아이든지 갓 태어났을 땐 선하게 마련이다. 하지만 점점 커가면서 이러저러한 주위 환경이나 어른들의 영향으로 변질되고 만다. 그러니 이런 선한 기질을 일찌감치 찾아 그걸 키워주며 개성 있는 사람으로 자라게 해야 한다.

만약 어린 토토가 학교에서 퇴학을 당한 뒤 자신이 학교라는 울타리 밖으로 쫓겨난 사실에 크게 상심해 자신을 비관했다면 자신감 있고 당당한 아이로 성장해나갈 수 있었을까? 독특함을 개성으로, 자유분방함을 자율성으로 인정해주는 '진정한' 학교가 있었기에, 그 학교가 내재된 감성과 창의성에 날개를 달아주었기에 가능했던 것이다. 이제 토토를 '괴짜'가 아니라 '특별한 존재'로 바라봐주었던 교장선생님처럼 열린 눈으로 아이를 바라보자. 아이에게 자신의 꿈을 심어놓고 이리저리 휘두르는 엄마는 '나쁜 환경'이라 할 수 있겠다. 아이의 선하고 좋은 성향과 강점이 나쁜 환경 탓에 변질되지 않도록 돕는 것이 중요하다. 당신은 과연 어떤 부모인가?

부모라는 환경이
아이의 미래를 바꾼다

수많은 수험생과 학부모에게 대입 합격 전략을 제시해온 입시계의 스타, 김영일 교육컨설팅의 조미정 소장에게 '아이에게 가장 중요한 환경'은 무엇인지 물었다. 성균관대 입학사정관 출신으로 수많은 수험생을 만났고 면접을 보며 평가도 했었기에 대학에서 필요로 하는 '인재의 덕목'을 누구보다 잘 알고 있는 분이다. 그런데 답은 의외로 간단했다.

"엄마가 누구냐죠. 어디에 사는지, 어떤 공부를 얼마나 하는지는 중요하지 않아요. 엄마의 올바른 가치관과 아이에 대한 사랑이 아이가 무엇이든 잘하고 싶게 만들고 열심히 하고 싶게 만드는 동기 부여가 됩니다."

아이의 성향과 스타일에 따라 각자 만들어주어야 할 환경은 하늘의 별처럼 각양각색일 것이다. 이런 고민 때문일까. 초등학교 입학을 앞두고 아이에게 '최적의 교육환경'을 만들어주기 위해 이사를 감행하는 현대판 맹모들이 많다. 하지만 앞서 말했듯 가장 중요한 환경은 바로 '엄마'다.

손이 보이지 않을 정도로 빠른 움직임, '왕벌의 비행'이라는 속주 영상으로 화제를 모은 세계적인 피아니스트 임현정. 임현정의 어머니를 보면서 엄마라는 환경의 힘이 무엇인지 느낄 수 있었다. 그녀가 다녔던 세계적인 음악가의 산실, 파리 국립음악원 교수인 앙리 바르다 교수는 한 인터뷰에서 "임현정은 몸의 세포 하나하나까지도 음악적인 사람입니다. 그녀가 느끼는 그대로 피아노를 친다면 베토벤과 모차르트에 근접하게 될 것입니다"라고 천재적인 재능을 극찬하기도 했다.

우선, 내가 만난 임현정은 남을 배려하는 마음과 인사성, 바른 몸가짐이 눈에 띄는 아주 가지런한 사람이었다. 그중에서도 눈에 띄었던 것은 조금은 낡은 구두와 유행을 타지 않아 오래 입을 수 있을 것만 같은 소박한 옷차림이었다. 그녀는 쇼핑을 거의 하지 않는다고 했다. 유명세에 비하면 참으로 의외였는데, 이유는 간단했다. 어머니도 소박하고 겉치레를 중요하게 생각하지 않는 분이라고 했다. 삶의 중요한 가치를 어머니에게서 많이 물려받은 듯했다. 또한 피아노 하나에만 몰입하기 위해서라고 했다.

실제로 그녀는 화려한 메이크업과 의상이 돋보이는 다른 연주자들과 달리, 자신의 연주회에서도 단정하게 빗은 긴 머리와 검은색 의상으로 오로지 관객들이 연주에만 집중할 수 있도록 한다. 갓 서른이 된 젊은 음악가에게서 음악에 대한 열정과 철학, 세계 톱클래스의 젊은 인재에 걸맞은 놀라운 집중력을 느낄 수 있었다. 많은 이들이 천재는 태어난다고도 하고, 노력에 의해 만들어진다고도 한다. 내가 생각하기로 임현정은 두 가지 모두에 해당하는 듯했다.

요즘은 손가락에 힘이 생겨 건반을 두드릴 수 있는 나이만 되면 피아노를 가르치는 부모들이 많다. 악기 중에서도 가장 쉽고 편하게 접할 수 있는 것이 피아노이기도 하고, 고학년이 되면 공부에 치여 악기를 다루기 힘들다는 걱정에 '서둘러' 취학 전이나 저학년 때 악기를 가르치려고 하기 때문이다. 수많은 아이들이 일찍이 배우는 피아노임에도 이 분야에서 단연 세계적으로도 인정받는 피아니스트가 된 데에는 어떤 비결이 있는지 그녀의 어머니에게 물었다.

"현정이는 발레, 미술에도 소질이 많았는데 피아노는 우연히 접해서 4살 때부터 치기 시작했어요. 아무리 어려도 피아노 학원 갈 때 책가방 한 번 챙겨준 적이 없어요. 스스로 챙겨서 갔죠. 너무 잘 치니까 학원 선생님도 더 배울 게 없다고 했는데 아이가 다음 선생님을 찾아달라고 부탁을 하는 거예요. 부탁을 하면 찾아줬죠. 저는 특별하게 가르친 게 없어요."

여기에서 어머니의 훌륭한 교육 철학을 느낄 수 있었다. 아이들은 부모의 말과 눈빛에 함께 반응하고 질책에는 크게 상심하는데, 어린 시절부터 피아노에 빠져들어 더더욱 감수성이 예민한 아이에게는 부담이 오히려 독이 될 수 있다. 임현정의 어머니는 그것을 일찍부터 알았던 것이다. 그래서 절대로 먼저 유능한 선생님, 좋은 피아노를 찾아 나서지 않았다. 대신 아이가 좋아서 몰입하는 일은 한 발 떨어져서 스스로 해낼 수 있게 기다려주고 지켜봐주되 도움을 요청할 때에는 적극적으로 지원해주었다고 했다. '반드시 현정이는 성공할 것'이라는 확신이 있었기 때문이라고 했다. 중학교 때, 40년 후 자신의 미래를 써보는 시간이 있었는데 아주 구체적이면서도 확고한 꿈을 그리는 딸의 모습을 통해 어머니는 아이의 가능성을 더욱 확신할 수 있었다고 했다.

"나는 세계 1, 2위를 다투는 최고의 피아니스트가 될 것이다."

아무리 당찬 딸이지만 연고도 없이 음악가의 거장들을 배출한 파리로 가겠다고 했을 때에는 모든 가족들이 반대를 했단다. 하지만 어머니만은 세계 최고의 피아니스트가 되겠다는 확고한 목표가 있고 두려움이 없는 딸의 손을 들어주었다.

"주위 사람이 다 반대를 했어요. 나만 보내자고 하는 거예요. 그러니까 이길 수가 없어요. 그런데 나는 보내야겠어요. 왜 그러냐면 얘가 너무나 특별하고 똑똑하고 너무너무 잘해요. 어른보다 더 잘하는 걸 알았죠."

도전 무대를 세계로 설정하고 무서우리만치 치열한 노력을 해나간 임현정은 파리의 음악학교에 들어간 지 6개월 만에 불어 과목에서 반 1등을 하는가 하면 보란 듯이 세계 최고의 음악학교들을 잇달아 조기졸업하며 클래식 음악계에 이름을 알렸다. 스스로 정한 목표를 향해 즐겁게 달리는 젊은 음악가는 무서울 정도의 재능을 폭발시켜나간 것이다. 결국 임현정은 한국인 연주자 중 처음으로 빌보드·아이튠즈 클래식 차트에서 1위를 차지할 정도로 큰 성공을 거두게 되는데, 가만히 보면 어머니가 참으로 현명했다는 생각이 든다.

심리학자인 미하이 칙센트미하이의 몰입 이론을 보면 자신의 능력보다 조금 더 높은 목표나 꿈을 향해 노력할 때 몰입이 잘 되고 행복감을 느낀다고 한다. 임현정의 어머니는 여기에 딱 맞는 딸의 성향을 간파했던 것 같다. 딸의 잠재력이 무한하게 뿜어져 나올 수 있게 환경을 '한 발 물러나는 여유'와 '아이에 대한 믿음'으로 충분히 조성해주었던 것이다. 그리고 지금 임현정은 20년 전 자신이 꾸었던 꿈에 훌쩍 다가섰다.

아이의 눈이 반짝이는 때를 발견했다면 이제 입가에 미소 지어지는 순간을 포착하라. 그리고 그 미소가 빛나는 미래로 이어질 수 있도록 부모는 '가능성을 키워주는 최선의 환경'을 만들어주기를 멈추지 말자. 아이는 부모의 등을 보고 배운다는 말처럼 부모 스스로가 그 환경이 되어주어야 한다.

당신은 부모입니까?
학부모입니까?

**앞서가는 아이의
부모가 되고 싶은 학부모**

_____ 다음은 한 TV 공익광고의 내용이다.

부모는 멀리 보라고 하고

학부모는 앞만 보고 가라고 합니다.

부모는 함께 가라고 하고

학부모는 앞서가라고 합니다.

부모는 꿈을 꾸라고 하고

학부모는 꿈꿀 시간을 주지 않습니다.

당신은 부모입니까, 학부모입니까?

부모의 모습으로 돌아가는 길, 참된 교육의 시작입니다.

나는 엄마를 부르는 '맘'이라는 말이 자신과 아이의 '맘'을 들여다보는 존재가 되라는 뜻이라는 말을 자주 한다. "남보다 앞서가라"라고 말하기보다 "네가 하고 싶은 일을 꿈꾸며 멀리 바라봐라"라는 따뜻한 말을 건네주자는 의미다. 좋은 부모라면 자녀와 멀리 보고 함께 걷고 꿈을 꾸는 사람이 되어야 한다. 아이는 그 아름다운 동행의 과정에서 보고 배우고 느낀 부모의 모습을 통해 훌쩍 성장할 수 있기 때문이다. 그런데 주변을 보면 '꿈과 시간을 주지 않는' 학부모의 모습을 한 경우가 많다. 판단력도 감정도 아직 미성숙한 아이들이 어른의 욕심 때문에 자신의 몸집만큼이나 크고 무거운 가방을 메고 이리저리 학원을 전전하며 상처받고 있다는 생각이 들었다.

하굣길에 세상을 다 산 듯 깊은 한숨을 푹푹 내쉬는 초등학생을 본 적이 있다. 1학년쯤으로 보이는 작은 아이는 무거운 가방을 메고 학원 버스를 기다리다 엄마와 통화를 하고 있었다. "엄마 집에 없다고? 알았어. 그런데 나 배고픈데… 지금 꼭 가야 돼?" 잔뜩 풀이 죽은 채로 아이는 대답했다. "알았어. 갔다 올게…." 왜 학원을 가야 하는지도 모르고 '시키니까' 가야 하는 아이에게 학원은 그저 '의무적인 활동' 정도에 불과해 보였다. 그러니 학원을 꼬박꼬박 간다고 성적이 오를 리 없고 공부가 싫어지는 것도 당연할 수밖에!

얼마 전 초등학생 10명 중 9명이 학원에 다니거나 과외를 하고 있다는 설문조사 결과를 본 적이 있었는데, 공부하느라 바빠 그중 3명 정도는 부모와 대화하거나 친구와 놀 시간도 거의 없다고 한다. '꿈과 시간을 주지 않는' 부모로부터 상처받고 있는 아이들의 모습이다. "세상 참 힘들다"라는 탄식을 하며 무거운 발걸음으로 차에 오르는 그 아이의 모습을 보면서 요즘 아이들의 애환을 고스란히 느낄 수 있었다.

한편 초등학생도 되기 전에, 혹은 초등학교에 입학하면서부터 "우리 아이는 반드시 SKY에 보내야 해"라며 명문대 입학을 목표로 어떤 중학교와 어떤 고등학교에 보내야 할지까지 장장 '12년 입시 로드맵'을 미리 세워놓는 부모들도 많다. "나만 뒤처져서 애를 망치고 있는 것은 아닐까"라는 불안감에 휴가까지 내고 엄마들의 티타임에 합류해서 작은 정보 하나 놓치지 않으려는 극성을 부려보기도 하고, 중요한 교육 정보를 얻으려고 필사적인 노력을 아끼지 않는 엄마들도 있다. 하지만 필요 이상의 많은 교육 정보, 특히 여기저기서 쏟아지는 '카더라 통신'은 열지 말아야 할 판도라의 상자다. 엄마의 마음은 갈대처럼 흔들리고 눈높이는 하늘 무섭게 점점 올라간다. 높은 기대에 따라주지 못하는 아이들을 보면서 엄마가 우울감에 빠지기도 하며, 아이의 성적에 따라 행복과 불행의 감정이 좌우되는 경험을 하기도 한다.

프랑스 철학자인 루소가 "교육의 목적은 기계를 만드는 것이 아니라 인간을 만드는 데 있다"라고 한 말에 주목하자. 기계적으로 공부하라는 잔소리를 하게 되면 아이들도 기계적으로 공부를 대한다. 학부모 이전에 부모가 되려면 '교육의 목적'부터 다시 생각해야 한다. 이를 위해서는 학부모의 시각이 아니라 부모의 시각과 마인드로 아이들이 언제 어디에서 배움의 즐거움을 얻게 되는지 관찰해야 한다. 그러면 큰 부담을 주지 않고도 말랑말랑하게 공부 자극을 줄 수 있는 좋은 아이디어들도 나오게 된다.

또 장기적인 목표도 중요하지만 가끔은 아이들 눈높이에 맞는 현실적인 목표를 세우게 하는 것도 좋다. 한 엄마는 이성에 관심이 많은 딸의 책상 앞에 '공부하면 남편 얼굴이 바뀐다'라는 문구를 써 붙여주었는데 이 문구가 마음에 확 와 닿았던지 이후부터 정말 열심히 공부했다고 한다. 우스갯소리 같지만 뜬구름 잡는 것 같은 목표보다 아이의 입장에서 공감할 수 있는 이야기가 얼마나 아이들의 마음을 자극시킬 수 있는지 알 수 있는 대목이다.

스트레스는
뇌의 활력을 떨어뜨린다

_____ 어른도 새로운 환경과 낯선 사람들을 만나 일을 하게 되면 업무 스트레스를 많이 받듯이 아이들에게는 학령기 스트레스라는 것이 있다. 매일 일찍 일어나 학교를 가고 규칙을 배우고 적응해나가는 것도 쉽지 않을뿐더러 손에 연필을 쥘 힘도 모자라는데 숙제까지 해야 한다. 게다가 새로운 친구를 사귀며 양보하는 법도 배우고 어우러져 살아가는 방법도 익혀야 하니 아이들 입장에서는 '사는 게 이렇게 힘들 줄은 상상도 못했다'는 생각을 하고 있을지도 모르겠다.

요즘 아이들은 과잉보호에 익숙해 독립심이 부족한 데다 지나친 학업 경쟁에 시달리다 보니 새로운 학년과 학기가 시작되는 3월 전후로 두통이나 복통, 심하게는 불안장애 증상을 호소하기도 한다. 더 어린 아이들은 말할 것도 없다. 어린이집에 갔다 왔던 딸이 배가 아프다고 해서 "뭘 먹었기에 체했어?"라고 걱정을 한 적이 있었는데, 생각해보니 그 날이 어린이집에 처음 갔던 날이었다. 아이가 낯선 환경에 적응하느라 느낀 부담을 뒤늦게 헤아려보니 얼마나 미안하던지! 말로 표현이 잘 되지 않으면 아이들은 몸으로 표현한다. 잠시만 엄마와 떨어져 있어도 불안증세를 보이고 먹었던 밥을 토하는 경우도 다 긴장과 부담감 때문에 생기는 증상인 만큼 여러 형태의 스트레스 상황들을 잘 살펴보자.

새 학년이 되면 새로운 환경에 적응시키고 필요한 정보들을 찾느라 바쁘다 보니 아이는 아이대로 힘들고, 엄마는 엄마대로 힘들다. 하지만 잊지 말자. 성장하는 아이들에게 가장 큰 장애물이 되는 것은 스트레스라는 것을. 그리고 기억하자. 불안한 부모의 정서는 아이들에게 그대로 전달된다는 것을.

엄마도 사람이다 보니 몸과 마음이 지친 상황에서는 말이 곱게 나오지 않는 경우도 많다. 그러나 아이에게 너무 자주 큰

소리를 내고 있지는 않은지 생각해보자. "너는 하라는 숙제는 안하고 또 뭐하니?", "말을 해도 듣는 둥 마는 둥 나중에 뭐가 되려고 그래?" 이러한 꾸짖음이 자주 반복되면 이것 역시 아이들에게는 다른 형태의 스트레스가 될 수 있다. "엄마 미워", "몰라", "싫어" 등 아이 입에서 부정적인 말들이 자주 등장한다면 "버릇없이 그게 무슨 말이야"라고 혼내기 전에 먼저 "우리 딸이 힘들구나", "뭔가 짜증나는 일이 있구나"라고 반응해주며 아이가 보내는 신호로 여기고 불안한 마음속을 들여다보자. 아프고 지친 마음을 바라봐주면 아이들도 환한 웃음으로 답하기 마련이다.

"우리 딸, 일찍 일어나서 학교 가느라 피곤해 보였는데 열심히 잘 다니니 너무 예쁘고 대견해."

"엄마도 처음 하는 일은 서툴 때도 많고 힘들 때도 많은데 너도 긴장되는 것은 당연해. 힘내 우리 아들."

자신의 감정을 알아주고 공감해주는 것만으로도 '엄마는 내 편'이라는 마음을 가지며 안정감을 느낄 수 있다.

그리고 이때 아이의 마음뿐만 아니라 엄마 자신의 마음 상태도 들여다봐야 한다. 일단 내 마음이 편해야 내가 아닌 다른 사람의 힘든 마음도 보인다. 자신의 마음의 온도를 체크하면서 스트레스가 지나치게 쌓이지 않도록 노력해야 한다. 기분 좋은 음악을 듣고 산책도 해보면서 기분 전환을 해보자. 주변을 보면 몸이 너무 아파 쓰러질 것 같아도 '숙제는 꼭 봐줘야 해', '준비물은 꼭 사서 챙겨줘야 해'라는 마음으로 비장하게 미션을 완수하려는 부모들이 많다. 하지만 한두 번쯤은 숙제를 못 해가도 준비물을 못 챙겨가도 오케이! 오히려 조금의 빈틈도 허락하지 않는 부모의 여유 없는 마음이 더 큰 문제라는 점을 깨닫자.

그리고 지능이 빠르게 발달하는 초등학교 시기, 특히 새 학년이 되는 시기에 '초장에 따라잡아야 한다'는 비장한 마음으로 숨 쉴 틈 없이 아이를 학원으로 돌리는 경우가 많다. 이것 하나만 기억하자. 눈에 보이지 않을 뿐 아이들의 가능성은 노는 순간에도 계속 자라고 있다는 사실을. 오히려 긴장과 불안감이 높아지게 되면 스트레스 호르몬이라 불리는 코르티솔이 많이 생기게 되는데 코르티솔이 많이 분비될수록 집중력과 학습 효율이 떨어진다. 요즘은 어린이집에 다니는 유아들도 집에 오자마자 다시 미술이며 음악이며 각종 과목 공부를 빽빽하게 스케줄을 짜서 가르치는 경우가 많다. 하지만 성장과 발달이 조화롭게 이뤄지기 위해서는 적정한 수준에서 학습이 이뤄지도록 하는 것이 매우 중요하다. 아이들은 즐겁게 뛰어놀면서 스트레스를 해소해야 뇌에 활력을 얻기 때문이다. 따라서 유아기에서부터 초등학교 저학년 시기에는 머리와 마음이 지치지 않을 정도로 학습량을 조절하면서 몸을 쓰는 운동과 놀이도 열심히 시키는 것이 중요하다. 이런 엄마가 '뭘 알아도 제대로 아는 엄마'다.

또한, 감정과 지능은 긴밀하게 연결이 되어 있어 마음이 편안한 상태에서 아이들은 무엇이든 빠르게 배우고 받아들인다는 사실도 잊지 말자. 무심코 던지는 상처의 말 대신 "기운 내, 넌 잘하고 있어", "엄마는 네 나이 때 그만큼도 못했어. 너무 기특해"와 같은 사랑과 칭찬의 말로 흠뻑 적셔주자. 공부를 넘어선 무한한 가능성을 키워주고 싶은가? 꿈에 한 발 더 가까이 다가설 수 있게 하는 부모가 되어주고 싶은가? 스트레스는 줄여주고 마음의 안정감을 높여주는 순간, 아이들의 가능성도 자라게 된다는 것을 기억하자.

공신의 가능성은
욕심과 자세에서 드러난다

한 고등학교 선생님이 이런 얘기를 들려주었다. 요약하자면, 새 학기가 되자 고3 부모들이 벌떼같이 몰려와서 상담을 했는데, 하나 같이 이렇게 물었다고 한다. "우리 아이가 지금 성적으로 어떤 대학에 갈 수 있을까요?" 그러자 선생님은 이렇게 답했다고 했다. "지금 성적이 수능 성적이라고 생각하는 분 계신가요? 지금 성적이 그대로 간다고 생각하시면 그 성적으로 상담해 드리겠습니다." 그러자 상담 이야기가 쏙 들어갔단다.

앞으로의 노력에 따라 성적이 좋아질 수도 떨어질 수도 있다는 사실은 부모들도 잘 안다. 하지만 불안하고 조급한 마음에 현재의 아이 모습을 통해 미래를 알려 달라고 하는 것이다. 물론 미래를 알 수는 없지만 어떤 아이가 갈수록 더 발전해나길 수 있는 '성장형 아이'일지는 예측해볼 수 있다. 전국의 많은 부모들에게 20년 가까이 대입과 학습 방향에 대한 조언을 해온 입시전략가 하귀성 소장은 공부를 잘할 수 있는 아이는 '욕심이 있는 아이'라고 했다.

"초등학교 저학년 때에는 부모가 시키는 대로 잘 따라주는 아이가 성적이 잘 나옵니다. 하지만 아이 스스로 공부에 대한 욕심을 가지고 노력하지 않으면 머지않아 한계가 옵니다. 그럴 듯하게 당장 뭔가를 만드는 것보다 초등학교 시절부터 배움에 대한 욕심이 있고 스스로 하고자 하는 의지와 끈기가 있어야 중학교, 고등학교에 가서도 우수한 학생이 되는 거죠. 지금 모습에 너무 연연하지 마세요. 10년 강산은 안 변해도 언제든지, 얼마든지 변할 수 있는 것이 아이들입니다."

스스로 공부를 하고 싶은 마음이 있어야 열심히 하게 되고, 열심히 하다 보면 공부를 잘하게 되는 것인 만큼 아이의 '욕심'과 '자세'를 보면 알 수 있다는 말이었다. 그리고 부모는 욕심을 버려야 하고, 정작 욕심을 가져야 하는 것은 아이라는 의미이기도 했다. 그리고 예전에는 성적으로 줄 세우기식 대입이 주가 됐다면, 이제는 대학의 선발 기준이 변하고 있어 수시 모집에서는 성적이 좋은 학생보다 '열정'과 '적극성'이 있는 학생들을 눈여겨보는 경우도 많다고 덧붙였다.

"이제 성적만 좋아서는 원하는 대학과 학과에 합격하기 쉽지 않습니다. 부모가 양으로 밀어 넣는 공부로만 실력을 평가하는 시대는 지났습니다. 각 대학들도 입학 후에 전공을 깊이 있게 수학하고 그 배움을 바탕으로 사회에서 능력을 펼칠 수 있는 인재를 원합니다. 학생 스스로 학과 공부를 넘어 꿈을 이루겠다는 굳은 의지와 열정이 있는지 보는 거죠. 결국 진지하게 자신이 하고 싶은 일을 고민하고 파고드는 적극적인 자세를 가지는 것이 중요합니다."

오랫동안 수많은 사람들의 채용 면접을 봐온 인사전문가가 "지원자들의 눈빛과 걸음걸이, 목소리의 힘만 들어봐도 회사에 붙고 떨어질지 알 수 있어요"라고 한 말이 생각난다. 대학이든 기업이든 앞으로 어떤 인재로 성장할 수 있을지 판단하는 기준은 '욕심'과 '자세'라는 말에 정말 공감이 간다. 결국 공신(공부의 신)이든 한 분야의 전문가든 수많은 가능성을 가진 아이에게는 배움에 대한 열정과 진정성을 잃지 않는 적극적인 자세가 필요하고, 부모에게는 이러한 자세를 길러줄 수 있도록 '우리 아이는 얼마든지 잘 할 수 있어'라는 긍정적인 시각이 무엇보다 중요하다.

한 방송에서 13살에 주의력 결핍으로 학습장애아로 낙인찍히고 고등학교 시절 전 과목 F를 받아 성적 미달로 중퇴를 했지만 결국 인생 역전 스토리를 써내려갔던 한 남자의 이야기를 본 적이 있다. 하버드대 교육학 교수로 활약하고 있는 토드 로즈의 이야기이다. 그의 부모는 역경 속에서도 늘 '어떻게 세상을 대하는 아이로 키워나가야 할지'를 고민했고 아들 스스로 그 해답을 찾아나갈 수 있게 도와주었다. 시골 마을에서 자란 토드 로즈는 주의력결핍과잉행동장애라 불리는 ADHD 진단을 받은 산만한 장난꾸러기였는데 공부는 늘 꼴찌였고 친구들에게 심한 괴롭힘을 받아 큰 상처를 받곤 했다고 한다. 하지만 부모는 아들이 아픈 마음으로 집에 돌아올 때면 늘 꼭 안아주었고 당장의 성적이 아이의 모든 것을 말하지는 않는다는 믿음을 잃지 않았다고 한다. 가장 가깝고 친밀한 존재인 부모가 정서적으로 따뜻하게 지지해주는 것이 가장 큰 역할이라 생각하고 든든한 버팀목이 되어주었던 것이다.

"F학점에 꼴찌의 성적이 내 아이의 모든 것을 말한다고는 결코 생각하지 않았습니다. 그래서 토드가 학교에 다니는 동안 어떻게 자기 자신을 사랑할 수 있을지를 항상 고민하고 아이 자체만 바라봤습니다. …(중략)… 아이가 환경에 잘 적응하지 못할 때에는 항상 공격을 받고 있기 때문에 심한 스트레스를 받습니다. 아이가 사랑받고 있고 집이 안전한 곳임을 느끼도록 사랑으로 대하면서 자신이 안전하다고 확신할 수 있도록 노력했어요."

토드의 부모는 아들이 큰 가능성을 가지고 있는 존재라는 믿음을 잃지 않으면서 '아무리 큰 가능성을 가지고 있더라도 스스로 하지 않으면 성장할 수 없다'는 확고한 교육관도 가지고 있었다. 그런 만큼 '자신을 사랑하는 사람'이 되어 역경을 이겨낼 수 있는 힘을 키울 수 있도록 도와주었다. 스스로 역경을 이겨내고 싶다는 욕심을 가지고 노력하는 자세를 가질 수 있게 했던 것이다. 결국 토드 교수는 어린 시절의 어려움을 이겨낼 수 있었고 고통의 경험을 배움의 자양분으로 삼아 세계적인 대학의 교육학 교수가 될 수 있었다.

저능아로 놀림 받았던 아인슈타인에게도 "너는 마음만 먹으면 무엇이든지 할 수 있어"라는 말로 격려를 아끼지 않았던 어머니가 있었다. 응원과 격려에 힘입어 자신감을 잃지 않았던 아인슈타인은 학습부진아에서 역사의 한 획을 긋는 천재 과학자로 인정받을 수 있었는데, 자신의 인생을 투영하듯 이런 말을 남겼다.

사람은 누구나 천재다. 하지만 나무에 오르는 능력으로 물고기를 판단하면 물고기는 자신이 바보라고 생각하며 평생을 살게 될 것이다.

토드 로즈와 아인슈타인의 부모처럼 꿈꿀 기회를 만들어주었던 노력이, "너는 할 수 있어"라는 한마디가, 인생의 주인이 되어 새로운 역사를 써내려가는 극적인 반전의 가능성을 열어주었을 것이다.

아이의 투정에는 이유가 있다

"우리 아들은 무엇을 잘하는 아이일까?" 한 해 한 해 커갈수록 가장 많이 가지는 궁금증이다. 신나는 음악에 몸을 한 번 흔들어도 "나중에 아이돌 시켜야겠어" 어쩌다 공을 힘차게 차기만 해도 "어머, 다리 힘 좀 봐. 운동선수 시켜야 하는 것 아니야?" 기대에 부푼 부모들은 가르쳐서 손해 볼 건 없다는 마음으로 '힘닿는 만큼' 이것저것 최대한 많이 가르쳐본다.

하지만 간과하고 있는 것이 있다. 바로 '왜 이것을 꼭 가르쳐야 하지?'라는 물음이다. 특히, 첫아이를 키우는 부모는 교육에 있어 시행착오도 많다. 그런 만큼 많은 지식과 경험을 접하게 해주겠다는 생각에서 아직 준비도 되지 않은 아이를 '실험 대상'으로 만들어버리는 경우가 많다. 그렇게 되지 않으려면, 우선 가르치는 목적을 확고하게 정해야 한다. 행여나 '배우고 있는 것'에 대해 거부감을 갖게 된다면 오히려 계속 배우기를 밀어붙이기보다 때로는 "그래 멈추자"를 외치는 과감함도 필요하다. 아이에게 맞지 않는 옷을 계속 입고 있게 하면 그 옷만 봐도 불편했던 기억이 자꾸 떠올라 나쁘게 각인될 수도 있다. 아무리 부모 눈에는 예뻐 보이는 옷이라고 해도 아이에게는 불편하고 부담스러울 수 있다는 사실을 기억하자. 그리고 그러한 경우라면 곧장 옷을 벗겨주거나 잘 맞는 옷으로 바꿔 입힐 수 있는 결단과 유연성이 필요하다.

피아노를 배우고 싶다는 아들을 7살 때 피아노 학원에 보낸 적이 있다. 돌이 지나면서부터 클래식만 들으면 지휘를 따라 하고 노래를 흥얼거렸던 아들이기에 드디어 제대로 된 흥미를 발견했다며 적잖이 기뻐했다. 그런데 두 달이 채 지나지 않아 아이는 힘들어서 못 다니겠다고 포기 선언을 하는 것이 아닌가! 뭐든 배우면 꾸준히 해야 한다는 생각이 있어서 "조금만 더 다녀보자. 손에 힘이 좀 생기면 훨씬 치기 편해질 거야"라며 독려했다. 그런데 뭐가 불편했는지 "앞으로 피아노 절대 안 배울 거야" 하고 강하게 거부했다. 그때 나는 '내가 아이에게 피아노를 가르치려는 목표가 무엇인가'를 생각해보고 '왜 갑자기 싫어졌을까?' 이유도 곰곰이 생각해봤다. 아이의 뜻이 완강해서 결국 피아노 배우기를 그만두게 했는데, 비슷한 시기에 시작한 친구들이 제법 멋진 연주를 하는 것을 보면 '그때 계속 시킬 걸 아쉽다'라는 생각도 들었다. 하지만 아직 때가 되지 않은 아이에게 받아들이기 힘든 것을 강요했을 때 더 나쁜 결과를 초래할 수도 있다는 생각에 전략적으로 '일보 전진을 위한 일보 후퇴'를 선택했고 그 판단은 옳았다.

당시에는 그만두고 싶은 이유를 물어봐도 답하지 않아 몰랐지만 1년 후에 "왜 피아노 치기 싫었어?"라는 물음에 아이는 엉뚱한 대답을 했다. "처음에는 피아노 엄청 치고 싶었지. 멋있어 보이잖아. 그런데 유치원 마치고 오면 얼마나 배고픈 줄 알아? 그래서 그만두고 싶다고 한 거지" 들어보니 황당한 이유였다. 하지만 다시 아이 입장에서 생각해보면 '포기 선언'을 할 만큼 심각한 이유라 할 수도 있겠다 싶었다. 만약 "칼을 꺼냈으면 무라도 잘라야지. 뭐든 끝까지 해야 훌륭한 사람이 되는 거야"라며 강요했다면 아이에게 피아노는 영영 '배고픔'이나 '악몽'의 이미지로 기억됐을지도 모른다. 원래 피아노를 가르치려던 목적이 음악을 좋아하는 아이였으면 하는 것이었기 때문에 더 이상 욕심은 부리지 않기로 했다.

그렇게 피아노 사건을 잊고 지낼 즈음, 이게 웬일! 사교성이 좋은 아들은 초등학교에 입학하면서부터 친구들과 조금이라도 학교 밖에서 만나고 싶다는 이유로 다시 피아노를 배워보고 싶다며 먼저 제안을 해왔다. 물론 피아노 학원에 친구들이 많이 다닌다는 단순한 이유 때문이기는 했지만 스스로 해보고 싶다는 의지를 보였기 때문에 그 뒤로는 피아노를 즐겁게 배웠고 다른 악기에 대한 관심으로도 이어져 "기타를 아주 잘 치는 멋진 사람이 되고 싶어요"라며 희망사항도 내보였다. 처음에는 전략 실패로 보였지만 결국 전략적인 후퇴가 잘 들어맞은 셈이다. 이처럼 무언가를 가르치거나 배우고자 할 때에는 '왜?'라는 질문을 스스로에게 던져보길 바란다. 그리고 아이가 그만두고 싶다고 말할 때에도 무엇이 싫어졌는지 그 이유를 잘 생각해보길 바란다. 지금 시켜야 하는 이유가 엄마의 '뒤쳐진 것 같은 불안' 때문인지 '재능을 키워주기 위한 노력'인지 스스로의 마음을 투명하게 들여다보자.

결과보다
과정을 칭찬하는 부모

앞서가라고 하고 꿈꿀 시간을 주지 않는 학부모가 될 것인가, 멀리 보고 함께 가자고 말하는 부모가 될 것인가. 후자를 꿈꾼다면 결과보다 과정을 칭찬하는 부모가 되라는 말을 강조하고 싶다. 철학자이자 작가인 칼릴 지브란은 교육에 대한 생각을 이렇게 표현했다.

"교육은 그대의 머릿속에 씨앗을 심어주는 것이 아니라 그대의 씨앗들이 자라나게 해준다."

그렇다. 진정한 교육은 스스로 생각하고 행동하도록 돕는 것이다. 따라서 중요한 것은 '결과보다 과정'을 칭찬해주는 것이다. 아이들을 어떤 모습의 나무로 자라게 할지 결정지을 그 알찬 씨앗은 바로, 상상력과 호기심이다. 특히 초등학교 저학년은 이 두 가지 특성이 절정에 이르는 시기이다. 이를 위해서는 무엇이든 잘할 수 있다는 자신감을 가질 수 있도록 격려해주는 일이 먼저다. 영재교육이 강화되고 있는 요즘, 아이들의 노력보다는 지능에 초점을 맞추고 있는 경우가 많다. 하지만 노력을 칭찬해야 하는 일은 늦어도 저학년, 빠르게는 아이와 대화가 가능한 시기부터 해주는 것이 좋다.

미국 스탠퍼드대학의 심리학과 교수인 캐롤 드웩은 '지능'과 '노력'을 칭찬받은 아이들의 차이를 알아보기 위해 실험을 했다. 아이들에게 쉬운 것과 어려운 것 중 어떤 문제를 풀겠냐고 물어보았는데 "열심히 공부했구나"라며 노력을 칭찬받은 아이들의 90%는 어려운 문제를 선택했고 "똑똑하구나"라고 칭찬받은 아이들은 대부분 쉬운 문제를 골랐다. '지능'을 칭찬받은 아이들은 실수하는 것을 두려워해서 쉬운 문제를 선택했고 노력을 칭찬 받은 아이들은 열심히 하는 과정을 보여주고 싶었다는 거다.

과연 아이들의 성적에는 어떤 변화가 있었을까? 노력을 칭찬받은 아이들은 처음보다 성적이 30%나 올랐고 반대로 지능을 칭찬받은 아이들은 20%나 성적이 하락했다. 그리고 계속해서 지능을 칭찬받으며 자란 아이들을 관찰했더니 머리만 믿고 노력하지 않아 중학생이 되자 성적이 떨어지면서 회복불능 상태에 빠졌다. 하지만 평소 노력의 가치를 배우며 자란 아이들은 '성적은 노력하면 얼마든지 올릴 수 있어'라는 자신감으로 힘든 도전 과제가 닥쳐도 열심히 노력해 극복해나갔고 결국 성적과 지능 모두 향상됐다고 한다.

이 실험을 통해 무엇을 느꼈는가? 공부 의욕을 높여주겠다는 생각으로 '지능'이나 '결과'에 초점을 맞춘 칭찬은 오히려 발전을 방해한다. "공부도 많이 한 것 같지 않은데 성적 잘 나왔네? 역시 우리 아들은 머리가 좋다니까"라며 아이 스스로 자만에 빠질 수 있는 칭찬은 자제하자. 대신 매일 해낼 수 있을 정도의 과하지 않은 숙제나 학습을 시키고, 완벽하게 해냈을 때 과정을 칭찬해주어 학습 습관을 잡을 수 있도록 이끌어주는 것이 중요하다.

"우리 아이는 종이접기만 좋아하고 공부에는 통 관심이 없어서 속이 터져죽겠어요"라고 하소연하는 엄마가 있었다. 하지만 아이들은 공부가 아닌 종이접기, 그림 그리기 활동을 통해서도 좋아하는 일을 계속하는 데서 얻어지는 '끈기'를 체득한다. 이 끈기로 반복해서 집중하다 보면 예전보다 조금씩 나아지고 있는 성과물들을 통해 "나는 잘할 수 있어"라는 자신감을 키워나갈 수 있다. 공부를 잘하는 아이로 키우고 싶다면 부모는 이러한 긍정적인 에너지를 공부로 살짝 옮겨오기만 하면 된다. 자신의 결정권을 잃어버리고 부모가 하라는 대로 공부 로봇이 되어 조종당하는 아이들이 많다. 자발적인 선택보다 억압과 통제를 받는 느낌을 통해서는 결코 노력하는 과정의 가치를 느낄 수 없다.

따라서 고기를 잡아주는 방법이 아니라 고기 잡는 법을 알려주는 교육을 해야 한다. 개정된 초등 교육과정에서는 단순한 지식 습득 위주의 교육이 아니라 하나를 배워도 다양한 분야를 자연스럽게 접목해 배우는 융합 교육을 강조하고 있다. 다양한 지식을 '아는 것'으로 끝내지 않고 스스로 '문제해결력'을 기를 수 있도록 하는 것을 중요하게 여기고 있다. 따라서 평생의 학습 습관이 잡힌다는 초등학교 저학년 때에는 자발적인 학습 태도를 갖출 수 있도록 가르치는 일이 매우 중요하다.

기업에서도 단순히 좋은 학벌에 성적만 좋은 사람보다는 NCS(National Competency Standards)라 불리는 국가직무능력표준을 반영한 채용 제도를 확대하고 있는 추세다. 산업현장의 직무 수행에 요구되는 지식, 기술, 태도를 종합적으로 평가하는 것으로, 이제 기업도 자신이 좋아하는 분야를 밀도 있게 공부하고 문제해결력을 키운 '실전형 인재'를 선호하고 있다. 결과보다 과정을 칭찬하는 부모의 말과 행동이 시대가 원하는 준비된 인재를 키울 수 있는 비결이다.

③

아이의 재능을 키워주는
배움의 타이밍

**조기교육보다 목적지에
빨리 도착하는 '적기교육'**

"너 몇 개야?"
"나 5개, 너는?"
"난 6개, 두 번씩 가는 데도 있으니까, 음… 그럼 10개."
"너 정말 대단하다."
"내 말이….'

놀이터에서 들은 초등학교 1학년들의 대화다. 주제는, 눈치

챘겠지만 바로 '학원'이다. 우리가 어릴 적엔 골목이며 운동장이며 발길이 닿는 모든 곳이 놀이터였고 함께 만나 놀고 맘껏 웃으며 대화하는 대상이 모두 친구였다. 하지만 도심에 점점 뛰어놀 수 있는 흙이 사라지고 있는 것처럼 놀이터에 아이들도 점점 사라지고 있다. 어린 시절의 추억을 쌓으며 맘껏 뛰어놀아야 하는 아이들의 발걸음은 놀이터도 아니요, 흙도 아닌 학원으로 향하고 있다.

공부도 때가 있지만 노는 것도 때가 있다. 동네를 걷다 까르르 웃음소리만 나도 마음은 이미 거길 향해 있는, 놀기 좋아하고 순수한 아이들이지만 부모들은 '공부의 때'에 집중해 '놀이의 때'를 놓치고 있는 것이 안타깝다. 더 큰 문제는 사교육을 받는 '요즘 아이들'의 연령이 무서울 정도로 낮아지고 있다는 것이다. 더욱이 조기교육을 적기교육으로 착각하는 요즘 부모들은 이런 말로 정당성을 부여한다.

"요즘 아이들은 참 빨라요."

첫아이를 키우는 젊은 부모들이 자주 묻는 말이 있다. "엄마, 아빠라고 부르기 시작하고 말도 제법 따라 해서 이제 뭔가를 가르쳐야 할 것 같은데 어떤 게 좋을까요?", "이제 제법 잘 걷는데 어떤 운동을 시키는 게 좋을까요?"

말도 못 하고 멀뚱멀뚱 누워 있던 아이가 제법 말귀를 알아듣는다 싶고 다리에 힘 좀 생긴다 싶으면 한두 살배기 아이들의 부모까지도 '배움 중독'에 합세한다. 요즘엔 아이가 하나 있는 집이 많다 보니 화끈하게 올인이다. 모든 관심과 기대가 집중된 아이들을 위해 좋은 물건을 고르는 소비자처럼 '사교육 쇼핑'에 나선다. 그리곤 "더 빨리", "더 많이"를 외치며 누군가 쫓아오기라도 하듯 급하게 지식과 경험을 주입하려 한다.

요즘 부모들이 많이 하는 착각이 '빨리 출발하면 일찍 도착한다'는 것이다. 다른 아이보다 앞서나가기라도 하면 "혹시 내 아이가 천재?"라는 기분 좋은 상상에도 빠져본다. 아이들은 배운 것을 쉽게 흡수하는 초강력 스펀지이기에 일찍 배우기 시작하면 더 빨리 두각을 나타내기도 하니 반짝 성과를 재능으로 치부해서는 안 된다. 그러나 많은 부모들이 이런 단기 성과에 급급해 정작 아이의 관심과 능력은 똑바로 바라보지 못한다. 이것이 바로 조기교육의 무서운 함정이다. 반대로 말하면, 장기적인 관점에서 아이의 진짜 관심사와 재능을 파악하고 키워주려면 '적기교육'이 중요하다는 거다. 적기교육은 말 그대로 아이가 관심 가지는 분야에 대해 호기심과 흥미를 보일 때 제때에 가르치는 것을 말한다. 그런데 그 중요성을 깨닫지 못하는 경우가 많다.

중국에는 모소대나무가 있다. 농부들이 수년간 정성을 다하지만 4년이 지나도록 3cm밖에 자라지 못한다. 하지만 5년째 되는 날부터 하루에 30cm가 넘게 자라기 시작하는 역대급 반전을 거듭한다. 그렇게 6주 만에 15m 이상 자라 순식간에 빽빽하고 울창한 대나무 숲을 이루게 된다. 아이들도 마찬가지다. 재능이 겉으로 드러나지 않는 순간에도 재능을 키워 나가고 있다. 부모는 농부의 마음처럼 정성을 다해 키우고 기다리고 지켜봐주면 된다. 아이가 눈을 반짝이는 대상을 발견했다면, 이를 통해 내재된 끼와 능력을 키워나갈 수 있는 가능성을 봤다면 그것이 바로 배움의 타이밍이다. 그때를 잘 파악하고 크게 뻗어나갈 수 있도록 조력자가 되어주는 것이 바로 부모의 역할이다.

작은 그릇에 많이 담지 않는다

몇 해 전부터 과학과 예술 등 다양한 학문이 융합되는 시대 흐름에 맞춰 고등학교에서도 인문계, 자연계가 통합되는 흐름이 나타나고 있고 대학과 기업에서도 다양한 분야의 지식과 경험을 갖춘 융합형 인재의 선발에 빠르게 나서고 있다. 시대가 바뀌면서 교육도 변화하고 있다. 요즘 대입은 과거 암기 위주의 줄서기식 대입과는 많이 달라졌다. 창의력과 사고력 중심의 문제해결력을 시험과 면접에 반영하는 경향을 보인다. 최근의 인재 채용 추세에 맞게 다양한 경험을 하고, 그 과정에서 배운 점과 느낀 점을 통해 새로운 해결책을 제시하는 실행능력이 중요해졌다.

이런 흐름을 반영하듯 요즘 초등학교 1~2학년 수학만 보더라도 부모 역시 한참 생각해야 하는 복잡한 사고력 문제가 많아졌다. 영어도 단순한 독해와 문법뿐 아니라 생각과 경험, 문제해결력을 묻는 토론식 수업이 늘고 있고 유치원 아이들을 대상으로 한 논술도 붐이다. 그러나 대입 정책이 바뀌고 교육 패러다임이 바뀐다고 해서 배의 키를 돌리듯 학습의 방향을 이리저리 돌려버리는 '흔들리는 부모'가 되어서는 안 된다. 간과하지 말아야 할 것은 '많은 경험과 문제해결력을 위해 다양하게 가르치는 것'이 아니라 '아이가 받아들일 수 있는 시기는 언제이며 그에 맞게 무엇을 가르치느냐'다. 아이의 발달 속도에 맞게 부모의 눈높이를 맞추고 기다려주어야만 다양한 경험이 오롯이 자신의 것이 될 수 있다. 쉽게 말해 교육의 효율성도 높일 수 있다는 말이다.

그렇다면, 아이의 발달의 시기와 속도에 맞춘 적기교육을 하려면 어떤 점에 주목해야 할까? 바로 가능성의 탱크인 '뇌'다. 뇌는 3살까지는 감정 부분이 빠르게 발달하기 때문에 감정과 정서가 균형 있게 성장하도록 하고 오감을 고르게 자극시키는 것이 좋다. 유치원 다닐 나이가 되면 무언가를 배우고 받아들일 수 있는 인지능력을 갖게 되는데, 이때는 뇌의 신경회로가 폭발적으로 발달하기 때문이다. 유아기에 즐거운 경험을 하면 뇌의 신경회로는 더 활발하게 활동하고 특히 6살까지는 인성과 도덕성, 종합적인 사고를 담당하는 전두엽이 발달한다. 따라서 이때 다양한 사물과 환경을 경험하고 놀이를 통해 즐겁게 학습하는 일은 매우 중요하다. 이 시기에 놓쳐서는 안 되는 이러한 활동들을 통해 예절과 규칙, 자기통제력, 종합적인 사고능력에 필요한 판단력도 높일 수 있음은 물론이다.

그러나 무엇이든 무분별하게 많이 쓰면 빨리 낡아버리듯 이 시기에 무리한 자극을 주면 오히려 뇌 발달에 나쁜 영향을 끼칠 수 있다는 사실을 잊어서는 안 된다. 신체적으로나 정서적으로 미성숙한 아이들이기에 얇고 큰 옷을 입고 스트레스라는 겨울철의 거센 폭풍 앞에서 버티는 것이 결코 쉽지 않다. 마음에 담아놓은 것을 바로바로 표현할 수 있으면 얼마나 좋겠느냐마는 아이들의 "힘들어요"라는 사인은 몸과 마음의 이상 증세로 나타난다. 불안감과 부담감이 크면 두뇌가 균형 있게 발전하지 못하고 빨간불이 켜지기 마련인데, 심할 경우 눈을 자꾸 깜빡이거나 얼굴을 찡그리는 행동을 반복하는 틱 증상이 생기기도 한다. 아이들은 감정과 두뇌 발달, 신체 건강이 모두 유기적으로 연결되어 있어 어느 한 분야에만 문제가 생겨도 엉켜버린 실타래처럼 전체적인 성장과 발달에 나쁜 영향을 미친다.

아이들은 스스로 성취하고 자신감을 가질 때 지금의 능력 그 이상을 무한하게 폭발시킬 수 있는 '가능성 덩어리'들이다. 그러나 지나치게 어려운 학습과 도전 과제 속에 던져지게 되면 아직 영글지 못한 아이는 배움에 대한 재미를 알기도 전에 좌절감을 경험하고 무언가를 잘하게 되기도 전에 백기를 들게 될지도 모를 일이다. 또한 '나는 할 수 없어', '나는 왜 다른 아이보다 못하는 걸까?' 하는 자신에 대한 부정적인 생각이 반복되면 될수록 사회성이 발달하는 유아기와 초등학생 시기에 좋지 못한 영향을 미칠 수 있고, 이런 생각이 성인이 될 때까지 이어지는 비극적인 결과를 초래할 수도 있다. 따라서 아이의 성장과 발달 상태를 유심히 지켜보면서 '물 들어올 때 노 젓는' 부모의 지혜가 중요하다.

따라서 올바른 적기교육을 위한 부모의 역할은 아이가 제때에 즐겁게 배울 수 있는 환경을 만들어줌으로써 배움의 즐거움을 온몸에 새길 수 있도록 돕는 것이다. 뇌의 회로를 무한대로 확장하며 즐거운 지식과 경험을 마구 흡수할 수 있도록 도와주어야 한다. 따라서 취학 전의 아이들은 어려운 선행학습에 집중하기보다 블록이나 윷놀이로 배우는 놀이 수학, 노래하면서 배우는 놀이 한글, 요리로 체험하는 놀이 과학과 같은 놀이식 학습으로 접근하는 것이 좋다. 이처럼 즐겁게 놀이를 통해 쌓은 지식과 경험은 스스로가 자신의 재능과 역량을 키워나갈 수 있게 하는 추진력이 된다. 이제 "무조건 빨리", "많이"를 외치는 속도와 양 중심의 교육은 버리자. 나는 조급한 부모들에게 이 말을 들려주고 싶다.

어린아이에게 글을 가르쳐줄 때에 많이 가르쳐주는 것은 절대 금기다. 총명하고 재빠른 아이가 조금만 읽어서 잘 외는 것도 좋은 일이 아니지만, 둔한 아이에게 많은 분량을 익히도록 하는 것은 약한 말에 무거운 짐을 실은 것과 같은데 어찌 멀리 갈 이치가 있겠는가? 글은 분량을 적게 해서 꾸준히 읽어 뜻을 아는 것이 귀중하다.

- 이덕무, 《청장관전서(靑莊館全書)》 중에서

아이의 발달 속도와 가능성을 고려해 배움의 효과를 높이는 전략, 이것이 바로 제때에 출발해 목적지에 정확하게 도착하는 '적기교육'이라는 지름길이다.

적기교육의 성공 포인트는 부모의 소신

_____ 교육 1번지인 대치동은 학원에 보내기 위해 자녀를 태우고 바삐 움직이는 일명 '라이드(ride) 족'들로 교통 체증이 심각하다. 소위 정보력이 있는 부모들은 대학별로 수천 개의 전형이 있을 만큼 복잡한 대입에 맞춰, 교육 트렌드에 따라 준비에 나서기 때문이다. 나중에 하면 늦는다는 생각에 사로잡혀 초등학생은 물론 유아들에게까지 지나친 선

행학습을 요구하고 나선다. 시사 논술, 창의융합과학 등등… 넘치고 넘치는 사교육 시장. 뭔가 달라 보이는 새로운 형식에 뒤처지지 않으려는 부모들의 열성에 아이들은 또다시 학원으로 발길을 재촉한다. 한 강의에서 만난 엄마는 아이의 나이에 적절한 커리큘럼을 가진 좋은 학원들도 많은데 오히려 지나친 선행을 선동하는 것은 학원이 아니라 부모라며 안타까워했다.

"아이의 수준에 맞춰서 잘 배울 수 있는 학원들도 많아요. 그런데 부모들이 들어가기 힘든 학원만 고집하는 경우가 많아요. 나는 일찍부터 시켰는데 좀 더 나은 아웃풋을 받고 싶다는 거죠. 안 그러면 일찍부터 시킬 이유가 뭐가 있겠냐는 거예요. 그러다 보니 학원도 살아남으려면 그런 요구에 자꾸 맞추게 되는 거죠."

아직 제대로 읽고 이해하지도 못하는 아이들이 부모의 손에 이끌려 자신의 수준보다 훨씬 상위 수준인 책들을 보면서 수업을 하는 경우도 많다. 7살 수준의 한글책을 이해하는 아이가 과학과 사회적 배경지식까지 포함된 미국 초등학교 2~3학년 정도의 높은 수준의 책을 가지고 수업을 하기도 한다. 이때 부모들이 많이 하는 착각은 아이가 보는 책 수준을 내 아이

의 실력과 동일시한다는 것이다. 하지만 이는 매우 위험한 생각이다. 수학이든 영어든 어떤 공부든지 진도를 나가는 것과 실력을 꼼꼼하게 키워나가는 것은 별개라는 점을 알아야 한다. 우리 아이가 자신의 눈높이에서 어렵지 않게 이해할 수 있고, 지식을 즐겁게 확장시킬 수 있는 수준에서 교육을 하겠다는 소신이 필요하다.

주변에서 결국 지나친 선행으로 실력에 구멍이 생겨 같은 책을 몇 번이나 반복하다가 흥미를 잃는 아이들도 많이 봤다. 〈공부의 신〉이라는 드라마에 "지문 한 번 읽고 문제 풀면 1등급, 두 번 읽으면 2등급, 세 번 읽으면 3등급"이라는 대사가 나온다. 실제로 논술이든 수학이든 모든 공부의 기본은 독해능력이다. 말과 글을 잘 이해하고 배경지식을 잘 받아들일 수 있는 능력을 갖춘 아이들이 말 속에 숨겨진 뜻을 분석하고 비판하는 능력도 높일 수 있다. 그리고 이런 아이들이 나중에 보면, 최상위권에 포진해 있는 경우를 어렵지 않게 볼 수 있다.

전문가들은 독해력은 읽기를 시작하는 4~5세부터 언어지능이 확립되는 15세 전후에 완성된다고 조언한다. 따라서 즐겁게 책을 많이 읽게 되면 독해력은 저절로 향상된다. 독서든 공부든 '일찍 많이 읽히기'에 여념이 없는 부모들은 아이들의 독해력은 초등학교를 거쳐 중학생 시기까지 꾸준히 발달한다는 것을 기억하자. "어머, 쟤는 초등학교도 안 들어갔는데 벌써 고전을 읽네" 현재의 모습만을 부러워하지는 말자. 오히려 부담 없이 책을 즐길 수 있도록 해주면 아이는 자신의 흥미와 관심사에 맞춰 독서도 꾸준히 즐길 수가 있다. 독서를 예로 들었지만, 다른 공부도 마찬가지다. 아이 교육에 있어서 왕도는 없지만 다른 아이가 아닌 내 아이의 속도에 맞춰야겠다는 소신 있는 교육이야말로 우리 아이의 페이스대로 달리면서 기록을 경신해나가는 기쁨도 맛볼 수 있는 방법이다.

그런데 그런 소신을 흔들리게 하는 것이 바로 지나친 경쟁심이다. 한 인터넷 카페에 초등학교 2학년 아이의 엄마가 글을 올렸는데, 내용인즉슨 아이를 너무 놀려서 영어가 미국 3학년 수준밖에 안 되는데 너무 놀린 것 아닌지 후회된다는 것이었다. 글을 올리자마자 너도나도 안타까워하는 수많은 댓글들이 달렸다. 그런데 그중에서도 유독 눈에 띄는 글이 있었다. "그 정도면 그 나이에 충분한 것 같은데요? 지금 얼마나 잘하느냐가 아니라 얼마나 멀리 가느냐가 중요한 것 아닌가요?" 댓글을 보면서 '이 엄마 소신 있네' 하는 생각이 들었다. 그리고 소신 있는 한마디가 공부 조급증을 가진 엄마에게 뼈있는 말로 새겨졌으면 하는 바람도 가졌다. 작은 봉오리가 꽃피우기를 기다리는 마음에도 소신이 있어야 하고, 몇 해가 흘렀는데 설사 꽃이 피지 않는다 해도 "넌 할 수 있어"라며 아이를 믿어주는 소신도 필요하다.

엄마들의 소신이 얼마나 흔들리는지는 학원에서 여실히 드러난다. 인기 영어학원은 새 학년 시작을 앞두고 입학 테스트를 치르려는 엄마들로 홈페이지와 전화기가 마비된다. 초등학교 수학만 해도 워낙 선행하는 학생들이 많아 진도에 맞춰 공부하면 더러 '늦장 교육'으로 비춰지는 경우도 있어 입학 전 최소 한 해, 두 해 전에는 미리 공부를 해야 한다고 조바심을 내는 부모들도 많다. 초등학교 1학년 아들을 둔 한 엄마는 일명 빅3라 불리는 유명 영어학원을 비롯해 입소문이 난 몇몇 학원들의 테스트 신청조차도 경쟁 중의 경쟁이라며 혀를 내둘렀다.

"예비 초등반 입학을 하려니 테스트를 봐서 미국 초등학교 2학년 실력 이상의 성적이 나와야 하는데, 시험도 어렵지만 신청하는 것이 하늘의 별 따기예요. 엄마들이 폭주하면 신청이

금방 마감되니 속도 빠른 PC방에서 대기하고 있는 엄마들도 있어요."

무사히 관문을 통과해 입성을 했더라도 또 다른 고민이 시작된다. 한두 가지만 잘해서는 답이 없다는 생각에 다댄른 부모들은 급기야 점점 많은 학원을 등록하게 된다. 영어유치원 출신 아이를 둔 초등학교 1학년 학부모는 끝없는 영어교육의 굴레에서 벗어나고 싶지만 쉽지 않다며 하소연을 했다.

"아무리 일찍 영어를 가르치고 꽤 한다고 하는 수준으로 가르쳐놓았어도 학교 들어가면서부터 영어에 노출되는 시간이 눈에 띄게 줄다 보니 실력 향상은 고사하고 실력 유지도 힘듭니다. 학교에 적응시킨답시고 영어 공부의 강도를 늦추거나 쉬었다간 고학년이 되어서는 정말 다닐 학원이 없게 돼요. 다른 아이들은 자꾸 따라오고 입학 테스트는 점점 더 어려워지니까요."

그런데 이게 끝이 아니란다.

"영어에 올인하자니 다른 과목들이 구멍 날 것 같고, 그러다 보니 일주일에 3일씩 영어를 보내는데 또 국어, 수학 같은 다른 과목도 놓칠 수는 없는 상황입니다. 아이가 힘들다고 하죠. 그래도 방법이 있나요? 모든 공부가 시기를 놓치면 따라가기 힘들잖아요. 영어만큼이나 다른 것들도 놓을 수가 없어요."

'아무리 많은 물을 부어도 흘러넘친 물은 주워 담을 수 없다.' 아이의 그릇의 크기를 알고 그에 맞는 배움의 물로 가득 채운다면 아이는 즐거운 배움의 바다에서 마음껏 헤엄칠 수 있지만 이미 공부가 싫어져버린 아이는 수영을 할 줄 알아도 물을 바라보기조차 싫어하게 될 수 있다는 것을 왜 모르는 것일까?

빨리 달리는 것도 문제지만 무작정 느리게 가는 것도 지양해야 한다. 어떤 부모는 너무 방관했다가 공부 시기를 놓쳤다며 걱정했다.

"아이가 영어를 좋아하고 배우고 싶어 했지만 벌써 무슨 필요가 있을까 하면서 미루다가 때를 놓쳐버렸어요. 사실, 열성 엄마나 엄마표 공부도 하는 거지. 전 힘들기도 하고 피곤하기도 해서 적당히 때가 되면 그때 시켜야겠다고 생각했어요. 그런데 정작 영어 공부에 매진해야 할 시기에 공부할 과목도 많고 영어에도 관심이 뚝 끊겨서 공부하는 게 힘들기만 하다고 하네요. 자기는 왜 친구들처럼 잘하지 못하냐는 말을 들을 때마다 오히려 공부 욕심이 있는 아이를 방관했다가 자신감만 떨어뜨린 게 아닌지 미안한 생각이 듭니다."

너무 빨리 걸어서 힘든 아이에게는 걸음을 느리게 걸어 속도를 맞춰주고, 엄마의 걸음이 답답해 자신이 먼저 앞으로 달려 나가고 싶어 하는 아이에게는 부모가 힘을 내어 함께 달려주면서 속도를 맞춰주어야 한다. 함께 가지 않으면 누군가는 너무 멀리, 또 누군가는 너무 뒤에 있게 되어서 같은 풍경을 똑같은 시선으로 함께 바라볼 수 없고, 서로가 보고 느낀 것을 대화하며 마음을 나누기 어렵다. 결국 적기교육을 위한 성공 포인트는 소신 있는 부모, 아이에게 맞는 목표와 방향을 잘 알고 페이스에 맞춰 완주하도록 돕는 페이스메이커가 되어주는 것이다.

공부는 다음!
재미가 우선이다

첫아이를 키우는 부모들이 가장 많이 놓치고 후회하는 부분이 너무 목표 지향적으로 육아를 했다는 것이다. 여기저기서 쏟아져 나오는 정보들을 섭렵하고 인터넷 커뮤니티에서 정보들을 얻다 보니 '한글을 배워야 하는 시기는 언제',

'피아노를 배우면 좋은 시기는 언제' 하는 식으로 언제까지 무엇을 가르치고 경험하게 할 것인지에 집중해 아이를 너무 몰아붙였다는 것이다. 자신의 희망과 꿈이 무엇인지 알기도 전에 부모를 위해 너무나도 많은 것들을 배우고 씹어 삼키느라 '배움의 소화불량' 상태에 걸려 있는 아이들을 보면 참으로 안타깝다. 만성 소화불량 상태에서 벗어나 배움에 배고파 하는 아이로 키우려면 어떻게 해야 할까?

답은 '즐거움'이다. 재미있으니 계속하고 싶고 자꾸 하다 보니 잘하게 되고 남보다 뛰어나다 보니 자신감이 넘치게 되는 거다. '도파민 효과'라고 들어보았는가? 도파민은 무언가를 좋아할 때 분비되는 호르몬으로 뇌를 기분 좋은 상태로 만들어 뇌의 활동을 활발하게 해주고 공부에 몰입할 수 있게 해준다. 기분 좋게 몰입하니 성취감이 높아지고 자기계발과 동기부여로도 이어지는 선순환이다. 다시 말해, 무언가에 즐겁게 몰입할 수 있는 상태에서 학습효과도 높아진다는 것이다. 몰입이라는 개념을 처음 창안한 심리학자 미하이 칙센트미하이 교수는 몰입할 수 있는 환경에 대해 이렇게 말했다.

"명확한 목표를 가질 때 주위의 모든 잡념, 방해물을 차단하고 자신의 모든 정신을 집중할 수 있다."

"우리는 매일 반복되는 일을 하게 되는 경우가 많은데 이때 스스로 도전할 목표, 예를 들어 몇 분 안에 어떤 일을 끝내겠다는 것을 정하라."

《1만 시간의 법칙》이라는 책을 보면 세기의 바이올리니스트 나탄 밀슈타인이 스승에게 "하루에 몇 시간이나 연습해야 잘할 수 있나요?"라고 물었는데 그의 스승이 이렇게 답했다고 한다. "아무 생각 없이 손가락만 움직이면 하루 종일 연습해도 모자라지만 집중해 연습하면 2~3시간이면 족하다." 간단하지만 큰 교훈을 주는 말이다. 단순히 반복하는 것이 아니라 목표를 가지고 의미 있는 배움에 집중할 때 효과는 풍선처럼 커질 수 있다는 것이다. 피아니스트 임현정도 세계적으로 인정받는 비결을 물었더니 자신의 장점은 '몰입력'이라고 답했다.

"한번은 중요한 피아노 연주 작업이 있어서 며칠을 바깥세상과 단절했던 적이 있었어요. 그런데 그 시기에 사람들이 대피할 정도의 큰 사고가 났던 것도 몰랐었어요. 한번 집중하면 남들이 혀를 내두를 정도로 집중합니다."

이처럼 몰입력은 성공하는 사람들의 공통점이기도 하다. 그렇다면 유치원생과 초등학교 저학년 아이들에게는 어떻게 해야 '즐겁게 몰입할 수 있는 환경'을 만들어줄 수 있을까? 유아기에는 마음껏 놀면서 하고 싶은 일을 할 수 있는 여건을 만들어주어야 한다. 기분이 좋아지면 사고와 관련된 전두엽이 활성화되어 학습효과도 높아진다. 그리고 작은 성공을 많이 맛볼 수 있도록 도와주자. 아직 뚜렷한 목표와 시간 개념이 부족한 아이들은 쉽고 실천 가능한 단기 목표를 세우고 노력하는 것이 좋다. '오늘 본 책은 밥 먹기 전에 정리해놓기', '오늘 TV 시청은 30분을 넘지 않고 직접 끄기'와 같이 작은 일들을 이뤄냄으로써 성취감을 느낄 수 있고, 이런 경험이 반복되면 할 수 있다는 자신감으로 이어지기 때문이다.

따라서 '나는 숙제를 친구와 놀고 나서 3시에 할 것이다'처럼 자신이 할 일을 스스로 정하고 하나하나 해결해나갈 수 있도록 하는 것이 좋다. 실행 여부를 눈으로 확인할 수 있도록 알림장이나 계획표를 만들어 마무리 지은 일들을 하나하나 체크할 수 있도록 하는 것도 좋다. 단, 습관화되어 몸에 익을 때까지 꾸준히 실천하도록 이끄는 것이 중요하다.

이 말을 꼭 기억하자. 공부는 다음! 재미가 우선이다. 흔들리지 않는 부모의 소신으로 내 아이에게 맞는 배움의 때와 교육방법을 통해 아이들이 재미있는 경험을 하며 성취감과 자신감을 찾아갈 수 있도록 이끌어주자. 그러면 성적도 성공도 행복도 절로 따라온다.

2장

눈과 귀를 열어 아이의 도전 욕구를 들어라

세상의 변화를 이끄는 능력, 자기주도성

**자기주도성이 강한 아이는
흙으로도 금수저를 빚는다**

'흙수저, 금수저'라는 말을 많이 들어봤을 것이다. 개인의 노력보다는 부모로부터 물려받은 부가 사회의 계급을 결정한다는 자조적인 신조어다. 결국 부유한 집 자녀가 좋은 학교에서 우수한 성적을 받고 남들이 부러워하는 일을 하며 살아가며, 흙수저는 아무리 발버둥을 쳐도 힘든 상황을 벗어나기 힘들다는 것이다. 이것이 불변의 진리라면 세상은 얼마나 재미가 없을까? 하지만 '흙으로 금수저를 빚는 능력'을 키운다면 얘기는 달라질 수 있다. 그 놀라운 능력은 바로 '자기주도성'이다.

혁신의 아이콘인 애플의 전 CEO 스티브 잡스는 펩시의 존 스컬리 CEO에게 "나머지 인생을 설탕물이나 팔면서 보내고 싶습니까, 아니면 세상을 바꿔놓을 기회를 갖고 싶습니까?"라며 승부수를 던졌다. 세계적인 부호이자 투자의 귀재인 워런 버핏은 "남을 움직이게 하려면 나 자신을 움직여라"라고 했다. 세상은 빠르게 바뀌고 있다. 대변화의 소용돌이 속에서 당신은 아이를 '변화에 적응하는 사람'으로 키울 것인가, '변화를 주도하는 사람'으로 키울 것인가. 삶을 스스로 개척하고 도전해나가며 미래사회를 변화시킬 수 있는 자기주도적인 인재를 우리 사회는, 그리고 세계는 간절히 원하고 있다.

이런 추세를 반영하듯 우수한 인재 선발에 앞다투어 뛰어들고 있는 대학에서는 학업능력과 전공 적합성, 발전 가능성 등을 고루 평가해서 성장 잠재력이 큰 학생을 선발하는 학생부종합전형을 확대하고 있다. 여기에서도 자기주도성은 중요한 평가 기준으로 꼽히는데, 자기주도성이 있다는 것은 무엇이든 스스로 알아서 하려는 태도와 습관이 몸에 배어 있음을 말한다. 또 호기심을 갖고 자발적으로 공부하고 탐구하며 매사에 적극적이다. 특목고와 자사고 입시에서 도입한 자기주도학습전형도 창의적이고 잠재력 있는 학생을 선발하고 있는데 합격자들을 보면 한마디로 '역시나!'다. 학업성취도가 높고 낯선 상황에서 문제해결력도 뛰어난 데다 학교생활을 고스란히 담은 생활기록부 곳곳에서 배움에 대한 흥미와 열정이 고스란히 드러난다. 자기주도성을 지닌 아이와 그렇지 않은 아이, 작은 차이가 아니다. 그 미래는 확연히 다른 모습으로 성큼 다가올 것이다.

엄마 주도성이 갉아먹는 아이의 주도성

"내가 잘 수도 없고…. 공부해야 되나? 이런 일이 몇 번째고? 아침에는 맨날 이거 해야 된다. 내가 이래가 몬 산다. 잠도 못 자고 이래가 살겠냐고!"

언뜻 보면 어떤 수험생이 이렇게 힘들게 공부하나 싶겠지만 어느 방송에 소개됐던 6살 꼬마의 이야기다. 잠은 오는데 아침부터 하기 싫은 숫자 공부를 하라는 엄마의 재촉에 아이가 울며불며 신세한탄을 하는 모습이 담겨 있다. 남의 이야기 같지만 가만히 생각해보면 힘든 마음을 드러내는 방식만 다를 뿐이지 우리 아이들의 마음의 소리일지도 모른다. 잠도 깨지 않은 이른 아침에 잠을 자고 싶은 기본적인 욕구조차 충족되지 못한 채로 어떻게 열심히 공부하기를 기대할 수 있을까?

인간의 자아실현과 성장에 대해 오랫동안 연구해온 미국의 심리학자 매슬로우는 '인간의 동기부여에 관한 이론'을 통해 인간의 욕구를 5단계로 구분했다. 목마르고 배고프고 잠이 오는 것과 같은 기본적인 욕구는 가장 낮은 단계의 욕구인데, 이러한 생존 욕구가 해결되지 않으면 더 나은 목표를 추구하고자 하는 동기가 생기지 않는다는 것이다. 가장 높은 5단계가 바로 자아실현 욕구인데, 이는 자신이 가진 능력과 재능을 최대한으로 활용해 성취하고자 하는 마음이다.

어른도 만사가 귀찮고 힘든 상황이건만 어찌 이른 아침 심신이 피곤한 어린 아이가 무언가를 '성취'하고 누군가를 위해 '실현'하고 싶겠는가? 결국 이런 상황은 아이를 통해 부모의 자아실현을 이루려 하는 의미 없는 에너지 낭비일 뿐이다. 말을 물가에 끌어다놓을 수는 있어도 물을 먹일 수는 없다는 말처럼 아이의 흥미와 관심, 그리고 적절한 때를 고려하지 않고 배우기를 강요한다면 오히려 부모가 배움의 재미를 싹둑 잘라

버리는 것과 같다.

전문가들은 만 12세까지 자기주도성이 대부분 완성되지만 어린 시절부터 꾸준히 길러지는 것이라고 말한다. 특히 자기주도성이 대부분 형성되는 나이는 만 6세 정도까지이므로 이때 아이가 좋아하는 것을 찾을 수 있도록 다양한 경험을 시켜주고, 놀이처럼 즐거운 경험으로 호기심을 자극시켜주는 일이 중요하다고 한다. 하지만 많은 부모들이 잘못된 극성으로 배워야 할 것들을 넘쳐나게 나열하고, 부모의 자아실현을 위해 때와 장소를 가리지 않고 가슴이 아닌 머리로만 꽉꽉 밀어 넣다 보니 오히려 역효과를 조장하는 경우도 많다. 결국 자기주도성을 키워주는 것도, 가로막는 것도 바로 부모다.

한번은 "엄마 물 줘", "운동화 끈 묶어줘", "이것 좀 들어줘" 끝없이 이것저것 요구를 하는 아이의 모습이 눈에 들어왔다. 적어도 초등학교 3학년은 되어 보였는데 덩치가 커도 한참 큰 녀석이 아직도 엄마 의존증이 심했다. 체격은 예전보다 많이 좋아졌지만 정신적 유아기에서는 빨리 벗어나지 못하는 아이들. 이러한 현상은 시도 때도 없이 비서 노릇을 자청하고 도와주는 부모의 잘못도 크다. 자식을 사랑하는 부모의 마음이야 다 같겠지만 과잉보호 아래서 자란 아이는 역경을 극복하려는 의지도, 실패에도 다시 일어설 수 있는 근성도 키우지 못한다. 이렇게 온실 속의 화초로 자란 아이들이 실패의 경험을 반복하게 되면 거센 바람에 꺾여버리고 마는 풀처럼 회복불능 상태에 빠질 수도 있다. 잘못된 사랑의 대가치고는 혹독하지만 현실이다.

"엄마, 나 이것 입을래" 하고 해맑게 웃는 아이에게 "이건 불편하니까 다른 것 입어. 엄마가 골라줄게"라며 아이의 결정을 묵살하지는 않았는가? 입이 짧은 아이에게 "엄마가 먹여줄게"라며 쫓아다니며 밥을 먹여주진 않았는가? 아직 받아들일 준비가 되지 않은 아이에게 배움을 강요하거나, 언제 어디서든 비서 노릇을 자청해 엄마가 주도적으로 움직이는 행동을 하지는 않았는지 생각해보자. 이러한 행동 하나하나가 혹시 우리 아이의 자기주도성을 갉아먹고 있는 것은 아닌지 생각해봐야 한다. "엄마가"라는 말을 "네가"라고만 바꾸어도 많은 것들이 달라진다.

집안일을 함께 하는 것만으로도
성취 경험이 길러진다

_____ 소아정신분석가이자 발달심리학자인 에릭슨은 만 2세부터 자기 일을 스스로 하는 자기주도성 형성 훈련이 가능하다고 했다. 하지만 이 시기에 자신의 의지를 연습하는 것조차 허용되지 않는다면 자신의 능력에 대한 의심을 키우게 된다고 한다. 이때부터 우리 아이의 가능성을 키워주기 위한 작은 실천을 해보자. 첫째, 아이가 일상에서 관심을 가지고 있는 작은 일부터 경험할 수 있게 해보자. 3~4살 아이는 혼자 세수하기, 옷 입기, 신발 신기와 같은 작은 일도 아직 미숙하다. 이런 일을 스스로 해낼 때마다 조금씩 성취감이 쌓이는데, 여러 번 성공을 경험하면 자신감도 동반 상승하게 된다. 가끔 지나치게 깔끔하고 조심스러운 엄마들이 집안이 어질러져서, 아이가 다칠까봐 이런저런 이유로 아이의 손이 닿기 무섭게 깔끔한 '상황 종료'의 상태로 만들어놓는 경우도 많다.

 이 시기엔 가장 신뢰하고 사랑하는 대상인 부모가 하는 일을 따라 하고 싶다는 심리가 강하다. 사랑하는 사람을 닮고 싶어 하는 순수한 마음이 크기 때문이다. 엄마가 머리라도 빗으려 하면 "내가 내가" 하면서 엄마 머리를 망쳐놓고,

빨래를 개려 해도 "내가 할래"라고 떼를 쓰다 망쳐놓는 경우도 많다. 따지고 보면 부모가 불편해서 그렇지 무조건 못 하게 할 일은 아니다. 우리 아이의 자기주도성이 자라고 있다는 신호로 여기고 아이가 하는 일에 손을 내밀어보자. 소소하더라도 성공 경험을 느낄 수 있도록 자기가 먹은 그릇을 옮기는 작은 일부터 시작해 빨래 널기, 쓰레기통에 집안에 떨어져 있는 쓰레기 넣기와 같은 집안일을 맡겨보는 것도 좋다.

아이에겐 집안일도 엄마와 함께 하는 즐거운 놀이의 하나이기도 하다. 가정의 구성원으로서 역할을 담당할 수 있도록 임무를 주는 것도 좋다. "우리 집에 초인종이 울리면 문 열림 버튼은 네가 눌러줄래?"라는 식으로 작은 역할을 부여해보자. 작은 일이지만 맡은 일을 해냈을 때 아이의 작은 어깨에는 힘이 들어가고 표정은 햇살처럼 환해진다. 나는 가끔 쉬운 일도 "엄마가 부탁을 좀 하고 싶은데… 같이 할까?" 때론 "해줄 수 있어?"라며 요청의 형식으로 아이들과 함께 하곤 했는데, 그럴 때 아이는 엄마에게 뭔가를 해줄 수 있다는 기대감에 "뭔데, 뭔데, 내가 해줄게"라며 들어보지도 않고 호들갑을 떨곤 했다. 지금부터라도 기억하자. '그래, 한번 저질러 봐' 하며 눈을 질끈 감아주는 호탕함, 그리고 다그치지 않는 묵묵한 기

다름은 아이의 자기주도성을 키워주는 열쇠라는 것을. 다음은 어린 자녀를 둔 부모들이 가장 많이 하는 불평불만들이다.

"3~4살 때가 키우기 제일 힘들어요. 말도 잘 안 통하고 제대로 할 줄 아는 것도 없는데 자기가 다 하려고 하잖아요."

말이 잘 안 통해 답답해도, 말이 서툴러 잘 물어보지 못하는 상황에서 뭔가 해보려고 아등바등 애를 쓰는 아이들이 한편으로는 기특하지 않은가. 아이들은 안간힘을 써서 세상에 자신의 존재감을 알리고 있는 것이며, 또 성장하고 있는 것이다. 자녀의 결혼을 앞둔 부모들이 잘 커준 자녀를 생각하며 하는 말이 있다. "언제 이렇게 다 컸어."

아이들과 함께 한 시간들은 화살처럼 쏜살같이 지나간다. 아이를 키우는 과정이 힘들다고만 생각하지 말고 부모의 행동을 따라 하고 싶어 하는 어린 자녀의 애정과 신뢰의 마음을 기쁘게 받아들여 보자. 지금은 좀 힘들더라도 먼 훗날에 되돌아보면 아이들에게 무한한 사랑과 신뢰를 받은 이때가 부모로서의 최고의 황금기로 느껴질 것이다.

유아기로 접어든 아이들은 이때부터는 제법 손과 다리에 힘이 생겨 행동반경도 넓어진다. 또 여러 번의 성공 경험들을 통해 자신감도 제법 높아진다. 뭐가 되고 안 되는지에 대한 개념들이 서서히 잡혀가기 때문에 부모가 정해놓은 된다 안 된다의 규칙을 어느 정도 지키면서 자신이 정한 목표를 달성하려 노력한다.

3~4살 가량의 아이들은 감정에 민감하고 잘못한 것에 대해 죄의식을 가지는 시기라서 물을 쏟아서 혼나기만 해도 '나는 나쁜 아이야'라며 죄책감을 가지게 된다. 이는 잘못하는 것과 나쁘다는 것을 구분하지 못해 생기는 현상인데, 이때는 단 두 마디 말만으로 아이에게 자신감을 불어넣어줄 수 있다. "옳지, 그렇지!" 이 두 마디면 된다. "옳지"는 잘 하고 있다는 부모의 공감이며 "그렇지"는 부모의 인정이다. 자기주도성을 키워주고 싶은 부모라면 공감과 인정이라는 두 가지가 자신의 양육 태도에 잘 녹아 있는지 되돌아보자.

시켜서 하는 아이
VS. 선택한 일을 스스로 하는 아이

알려고 노력하지 않으면 깨우쳐주지 않으며, 애태우지 않으면 말문을 열어주지 않으며, 한 모서리를 들어주었는데 이것으로 세 모서리를 반증하지 못하면 다시 말해주지 않는다.

《논어》에 등장하는 공자의 말이다. 배우고 싶은 마음이 간절한 사람을 가르치면 확실히 깨닫게 되지만 알려고 하지 않는 사람은 억지로 가르쳐도 아무 소득이 없다는 말이다. 인생은 배움의 과정이다. 매 순간 배우고 깨달아가는 인생에서, 자기주도성도 자신이 하고 싶은 일에 도전할 때마다 점점 커지게 된다. 선택을 한다는 것은 책임을 진다는 말이다. 아이는 성장하면서 생각도 함께 커나가기 때문에 '누가 시켜서'가 아니라 '내가 선택해서'라는 느낌을 가질 수 있게 한다면 존중받는 기분을 느낄 수 있게 되고, 자연스레 자신의 선택에 책임지는 자세도 길러지게 된다. 유치원 시기를 지나 초등학교 저학년, 고학년, 그 이상으로 갈수록 숙제나 공부, 취미에 이르기까지 스스로 책임질 수 있는 선에서 누릴 수 있는 자율성을 존중해주자. 아이는 스스로의 행동에 책임지고 부모는 아이를 존중해주면서 양자의 합이 잘 맞아야 힘든 일이 닥쳐와도 이겨내고 또 도전하는 자기주도 DNA가 온몸 깊숙이 새겨질 수 있다. 인생을 긍정적으로 대하는 태도도 이렇게 만들어지는 것이다.

그럼 초등학생 자녀에겐 어떤 것부터 시작해보면 좋을까? 초등학생이 되면 숙제 스스로 하기와 같이 매일 해야 하는 가장 기본적인 일이 있다. 여기에다 가방 챙기기, 방 정리와 같은 일들까지 하도록 해야 한다. 이런 일상의 일들로 스스로 하는 자세를 잡아갈 수 있기 때문이다. 나도 아들이 숙제 습관이 제대로 자리 잡지 않은 초등학교 1학년 때 숙제 완수가 지상 과제처럼 느껴진 적이 있다. 하지만 습관은 잡기까지가 힘들지 길을 잘 닦아만 주면 다음부턴 뻥 뚫린 고속도로처럼 빠르고 편해진다. 무슨 말이든 반복하면 잔소리요, "해라"라는 말만 들어가면 강요처럼 느껴진다. 그래서 나는 최대한 "숙제해라"라는 강요의 표현 대신 "우리 숙제 몇 시에 하는 게 좋을까?"라고 물으면서 누가 시켜서가 아니라 스스로 숙제하는 시간을 정한다는 느낌을 주었고, 스스로 정한 시간인 만큼 자신과의 약속은 반드시 지킬 수 있도록 했다. 자신이 선택한 일에 대해서는 책임감을 가지고 잘 해내려 하는 게 아이들의 심리이기 때문이다.

그리고 자신과의 약속을 지키는 것으로 그치지 않고 자신의 행동과 그에 대한 결과를 곰곰이 생각해볼 수 있도록 했다. 숙제 습관을 칭찬해주기 위해 아이에게 "어젠 학교 갔다 와서 바로 숙제해놓아서 그런지 놀 시간도 많고 여유가 있어서 좋지 않았니?" 하고 물었더니 "어, 너무 좋아! 숙제를 싹 해놓으니 이렇게 개운한걸!"이라는 기분 좋은 답변이 돌아왔다. 아이가 노력해서 나온 결과가 좋았을 때에는 그 경험을 통해 "이렇게 노력하니까 정말 좋네"라는 식으로 깨달을 수 있게 한 것인데 이런 방법이 꽤 효과가 있었다. 언제부터인가 내가 물어보기도 전에 미리 숙제를 끝내놓고 의기양양한 표정으로 "짜잔~" 하면서 노트를 펼쳐 보이는 모습을 보면서 '역시 아이들은 스스로 느껴야 하는구나'라는 진리를 다시 한 번 확인할 수 있었다. 그리고 한 뼘 더 성장한 아들의 모습을 보니 흐뭇해졌다.

숙제뿐만 아니라 학습에 있어서도 스스로 하는 아이의 성취도는 월등히 높다. 스스로 의사결정을 할 수 있는 소중한 기회를 가질 수 있도록 이끌어주면 아이들은 차츰 '누가 시켜서'가 아니라 '스스로 하는 습관'을 통해 자신만의 학습 노하우를 만들어나가게 된다. 하루가 다르게 실력이 느는 것은 물론이다. 만약 아이에게 무언가를 가르쳐야 한다면 "뭘 배우고 싶니?", "몇 시간 정도 공부하는 것이 좋을까?" 정도라도 의견을 물어 선택하게 하는 것으로부터 시작해보자. 이때 주의할 점은 부모보다 더 주도권을 가져 마음대로 하려고 하는 버릇없는 행동으로 번지지 않도록 해야 한다는 것이다. 어른들이 종종 '오냐 오냐 하면서 키운 애들이 부모 귀한 줄 모른다'라는 말씀을 하시는데, 딱 맞는 말씀이다.

《가르치지 말고 반응하라》라는 책을 보면 주도적인 아이로 키우길 원하는 부모들은 아이가 자신의 세계의 주인으로 성장해나갈 수 있도록 하라며 당부하고 있다.

> 아이가 주도하는 어떤 활동에 부모가 적극적으로 반응해주고, 지지자의 역할을 꾸준히 해주면 아이의 능동적인 학습은 단계적으로 결실을 맺게 됩니다. 아이가 관심과 흥미를 가지고 능동적으로 참여하는 순간, 아이는 세계를 이해하고 다른 누구도 아닌 자기 자신으로 성장해나가게 됩니다.

자신의 능력을 발견하고 다른 이에게 보여줄 수 있는 '기회'를 많이 부여받은 아이들은 앞으로 점점 더 큰 기회를 찾아 나서고 경험하고 또 새로운 기쁨을 누리게 될 것이다. 그것이 자신이 선택한 길이라면 그 여정을 더 흔쾌히, 씩씩하게 걸어갈 수 있는 것이 우리 아이들이라는 믿음을 잊지 말았으면 한다.

자기주도학습은
혼자 하게 하는 공부가 아니다

　　　　　　　몇 년 사이 '자기주도학습'이라는 말이 엄마들 입에서도 성공을 위한 명언처럼 오르내리고 있다. 대학 입학이라는 목적지를 향해 모래시계를 세워놓기라도 한 것처럼 많은 부모들이 아이가 커갈수록 공부에 대한 조급증을 호소한다. 그래서 떠오른 말도 자기주도학습이다. 공부를 혼자 알아서 한다고 하니 한번쯤은 귀를 쫑긋하기 마련이다. 하지만 많은 이들이 '자기주도'라는 말에만 주목할 뿐 '자기주도학습'이 무엇인지, 어떤 효과가 있는지 잘 모르는 것 같다. 한 엄마는 아이의 자기주도학습 습관을 잡아주기 위해 아이가 유치원에 다닐 때부터 많은 노력을 해왔고 초등학교 1학년이 되니 슬슬 효과가 나타나고 있다며 흐뭇해했다.

"우리 딸은 한글을 빨리 떼서 6살 때부터 매일 한 시간씩 앉아서 공부하도록 했어요. 그래서인지 이제 책상에 앉으면 최소한 2시간 이상은 일어서지 않고 공부해요. 이 정도는 해줘야 고학년에 들어서면서 공부에 속도를 내죠. 앞으로 공부량도 많아지고 어려워질 텐데 언제까지고 읽어주고 숙제 봐줄 수 없잖아요. 애들 머리 크면 말 안 듣는다잖아요. 습관은 일찍 잡아야죠."

어떤 부모는 '이렇게 대견한 아이의 엄마에게 교육법을 전수라도 받아볼까?'라는 생각을 하고 있을지도 모르겠다. 물론 좋은 습관은 중요하다. 하지만 습관은 서서히 젖어들게 하는 것이지 강요해서 되는 것이 아니다. 더욱이 자기주도학습은 '스스로 하는 공부'이지 '아이 혼자서 하는 공부'가 아니라는 점을 알았으면 한다. 또 '긴 시간'으로 평가할 수 있는 것도 아니다. 힘들어 하는 아이를 혼자 방 안에 던져놓고 무리가 될 정도로 오랫동안 책상과 씨름시키는 건 공부를 평계로 한 방임 또는 방치일 수 있다는 점을 기억하자.

숭실대 평생교육학과 최성우 교수에게 자기주도학습 학부모 코칭을 받은 적이 있다. 전국 곳곳에 자기주도학습 성공 전략을 강의하고 있는 전문가다. 그는 자기주도학습은 혼자 하는 공부가 아니라 스스로 하는 공부여야 하고, 아이를 긍정적인 방향으로 움직이게 하는 것은 부모의 자세에 달려 있다고 했다. 부모가 늘 관심을 가져주어야 하며 아이와 좋은 관계를 유지하는 것이 자기주도학습 성공을 위한 핵심이라는 것이었다. 또 어린 시절에는 공부를 많이 하게 하는 것보다 공부 습관을 조금씩 잡아주는 것이 중요하다고 했다.

"보통 자기주도학습은 아이가 왜 공부를 하는지 알고 공부를 어떻게 할 것인지 방법을 찾고 잘 했는지 스스로 평가까지 하는 과정을 말합니다. 그러니 아직 생각과 판단력이 미숙한 유아나 초등학교 저학년 때에는 이런 습관이 잡히기는 힘듭니다. 공부의 절대 시기라고 하는 초등학교 고학년 이후부터 스스로 공부하는 습관을 만들어주는 것이 중요한데, 이때 부모가 어떻게 도와주느냐가 중요합니다. 더 어릴 때에는 공부를 하고 싶게 만드는 동기를 불어넣어줘야 뭐든지 즐겁게 열심히 배웁니다. 아이들의 감성을 건드려줘야 해요. 부모가 인정해주고 칭찬해주고 관심을 가져주면 긍정적인 방향으로 변화하는 게 아이들이에요."

아직 판단력과 이해력이 미성숙한 미취학 아동이나 저학년 아이들을 움직이게 하는 방법은 '감성을 자극해주는 것'이라고 했다. "지난번보다 약속을 더 잘 지켰구나", "계획표를 짜더니 열심히 잘 했네"라는 식의 따뜻한 말 한마디와 칭찬이 낫다. 스스로 노력해서 바꿀 수 있는 부분을 칭찬해주면 아이도 안다. 노력의 기쁨과 의미를. 이런 아이라면 '공부 감성'도 자극될 수밖에 없다. 인정받은 느낌과 자신의 노력을 알아주는 말 한 마디에 기분 좋은 자극을 받은 아이들은 공부를 대하는 눈빛도, 배우는 마음가짐도 남다르다. 누가 시켜서 하는 남의 공부가 아니라 기분 좋게 내 공부를 하고 있으니 연필을 쥐고 있는 손끝도 힘이 넘친다. 글씨도 반듯반듯하고 정성들여 쓰려 한 흔적도 가득하다. 칭찬, 기분 좋은 자극, 인정, 자신감과 같은 선순환이 이뤄지면 진짜 공부에 집중해야 할 시기에 진정한 자기주도학습을 할 수 있는 공부 습관을 서서히 자리잡아갈 수 있다.

공부 습관,
노력하는 인생으로 이어진다

《평생 성적, 초등 4학년에 결정된다》라는 책 제목을 보면서 정말 고학년은 결전의 시기구나 하는 생각에 비장한 마음마저 들던 때가 있었다. 공부 습관을 스스로 공부하는 자기주도학습으로 발전시켜나가는 시기가 바로 이때다. 전문가들은 '공부의 절대 시기'라고 하는 10~16세에 공부 습관을 '자기주도학습 능력'으로 발전시켜나가는 것이 중요하다고 말한다. 초등학교 4학년 아들을 둔 한 엄마는 이런 고민을 가지고 있었다.

"초등학교 저학년에는 공부에 흥미가 많지 않아서 하면 하는 대로 안 하면 안 하는 대로 내버려뒀어요. 고학년에 들어가면서는 바짝 시켜야지 하는 생각이었는데 막상 고학년이 되니 잘 따라와 주지도 않고 공부 자체가 싫고 힘들기만 하다네요. 주변 친구들과 비교를 안 할래야 답답한 마음에 자꾸 비교하게 되고 혼내다 보니 사이만 점점 나빠지는 것 같아 이러지도 저러지도 못하겠어요."

엄마는 아이가 스트레스를 받을까 봐 많이 놀 수 있게 해주었고 칭찬과 격려도 많이 해주었는데 오히려 공부와 멀어지게만 만들었다며 후회했다. 무엇이 문제일까? 초등학교 4학년은 공부량이 절대적으로 많아지기 시작하는 시기다. 공부 습관이 잡히지 않은 아이는 책상에 앉아 있기도 버거운 상황이니 공부라는 말만 들어도 힘들고 괴롭다는 거다.

그렇다면 어떻게 해야 공부의 절대 시기인 초등학교 고학년부터 본격적으로 자기주도학습 습관을 잡아줄 수 있을까? 고학년에는 공부에 속도를 내야 한다고 생각한 부모라면, <mark>우리 몸도 강도 높은 운동을 하기 전에 준비운동이 필요하듯이 공부 습관을 먼저 길러주어야 한다는 것을 잊지 말자.</mark> 아이에 따라 다르겠지만 숙제든 시험 준비든 반드시 해야 할 일이 있다는 것을 깨닫게 되는 초등학교 1학년 때부터라도 서서히 길러주는 것이 좋다. 조금씩이라도 매일 일정한 장소에서 정해진 시간에 공부를 하게 하거나 하루 10분이라도 교과서를 읽게 하면 교과 내용에 대한 이해도가 높아져 수업에 자신감이 붙는다. 반복해서 하다 보면 단기 기억이 장기 기억으로 전환되어 오랫동안 기억에 남는다. 교육전문가들은 공부할 때 자신이 알게 된 것을 남에게 가르칠 수 있는 정도가 되어야 온전히 알 수 있는 단계가 된다고 말하는데 "이것 알아 몰라?"라는 질문 대신 아이에게 선생님의 역할을 부여해서 부모나 가족, 친구에게 설명할 수 있도록 해보는 것도 좋은 방법이다.

주변 사람들에게 인정받고 싶은 욕구가 더욱 커지는 고학년 때부터는 공부 습관이 잡힌 뒤에 칭찬과 격려에 힘쓰는 것이 공부 동기부여가 된다. 무엇보다 가장 많은 시간을 보내는 학교에서 즐겁게 생활할 수 있어야 하고 선생님과 친구들에게 인정과 칭찬을 받을수록 자신감도 함께 높아지기 마련이다. 누가 등 떠밀지 않아도 이런 마음이 절로 책장을 펼치게 하고 예습하게 하며, 성적도 높아지게 만드는 것이다.

그리고 또 하나는 부모가 보여주는 관심이다. 국내 자기주도학습 분야의 권위자인 정철희 교수는《자기주도학습 만점 공부법》이라는 책을 통해 국내에서 내로라하는 공신들이 모인 민족사관고 학생 261명을 대상으로 한 연구 결과를 소개했다. 정철희 교수는 대부분의 부모가 자녀에 대한 관심과 지원이 충분했다는 점을 강조했다. '1등 뒤에는 1등을 만드는 부모가 있다'는 것이다. 부모들은 학교에서 일어난 일을 자주 묻고 배우고 있는 교과 내용을 많이 알고 있으며 자녀가 흥미를 느끼고 있는 것이 무엇인지 관심을 많이 기울였다고 한다. 또 자녀가 우수한 능력을 가지고 있으며 앞으로의 학업에서 성공적인 결과를 낳을 수 있을 것이라는 생각도 강했다고 한다.

하지만 과도한 기대는 오히려 시험불안증을 가져올 수 있기 때문에 실패나 실수의 경험을 도전의 한 과정으로 여길 수 있도록 격려하는 자세가 중요하다고 했다. 수능일을 앞두고 정철희 교수를 만났을 때 12년이라는 긴 학창시절을 달려온 끝에 치르게 되는 삶의 큰 관문인 수능시험을 앞두고 가져야 할 부모의 자세는 무엇인지 물었다. 수능 시험을 예로 들었지만, 앞으로의 인생에 수없이 많은 일들이 닥치게 될 텐데 그때마다 아이도 부모도 어떤 마음으로 함께 헤쳐 나가야 하는지 그 답은 크게 다르지 않을 것이다. 정철희 교수의 대답을 들어보자.

"포기하지 않는 용기를 가지고 도전한 것 자체로 큰일을 해냈다는 것을 알려주세요. 살다 보면 실패할 수도 좋은 결과를 얻을 수도 있습니다. 하지만 결과는 바꿀 수 없기 때문에 최선을 다한 것을 인정해주고 있다는 믿음을 자녀에게 보여주어야 합니다. 완벽한 사람은 없습니다. 누구나 무언가에 '다시 도전'하는 시간은 옵니다. 결과가 좋지 않더라도 다시 도전할 수 있는 용기를 가진다면 그것은 실패가 아니라고 말해주어야 합니다. 이렇게 말해주세요. '포기하는 사람이 실패자고 나머지는 다 승리자야. 다음번을 기약해보자. 다음번에 잘 안 된다면 그다음에는 잘 될 거야' 하고 믿음을 주세요. 시험을 잘 못 쳤다면 여기에서 끝이 아니고 이제 새로운 시작이라며 이후에 있을 도전을 격려해주세요. 말 자체보다 자녀에 대한 부모의 믿음과 격려가 가장 큰 힘이 되기 때문입니다."

기억하자. 부모의 믿음과 격려만큼 가슴 따뜻해지는 동기부여는 없다는 것을. 아이들은 "옳지, 그렇지"라는 격려로 싹틔운 어린 시절의 자기주도성을 "넌 할 수 있을 거야"라는 부모의 믿음을 통해 더욱 키워가고, 용기를 북돋워주는 말을 통해 자신에게는 가능성이 있다는 내면의 믿음을 다질 수 있게 된다. 또 실패를 두려워하지 않는 용기 있는 사람이라는 시각으로 자신을 바라볼 수 있게 되어 결국 공부를 하는 자세뿐 아니라 인생을 대하는 자세도 자기주도적이고 적극적인 사람으로 발전할 수 있게 되는 것이다.

생각하는 시간만큼 성장한다

요즘 엄마들은 방학을 앞두고 최소 몇 주 전부터 빽빽하게 학원 스케줄 짜기에 바쁘다. 우리 어릴 적에 방학은 할머니 댁에 놀러가고 물가에서 수영하고 그야말로 마음껏 놀 수 있는 즐거운 휴가였다. 하지만 요즘 방학은 5~6살 어린 아이나 중·고등학생이나 마찬가지로 자기계발 또는 공부를 위한 특강 시즌이 되어버렸다. 한 초등학생 엄마는 아이가 아직은 어리다 보니 함께 있어줘야 하는 시간이 길어서 어딜 보내지 않으면 내내 엄마가 끼고 있어야 하기 때문에 집안일에 육아에 그야말로 중노동이라며 한숨을 쉬었다.

사실 아이들은 아이들대로 힘들다. 초등학교 2학년인 한 남자 아이는 "방학이 되면 학교 다닐 때보다 다닐 학원이 더 많고 여유가 없어서 더 힘들어요"라며 괴로움을 털어놓았다. "지금도 이렇게 힘든데 앞으로는 얼마나 더할까 생각하니 머리가 아파요"라는 아이를 보니 안타까웠다. 일주일 즈음 되는 유치원 방학에도 아나운서가 진행하는 스피치 교육, 영어로 배우는 미술, 승마 캠프 등 이름부터 번지르르해 보이는 갖가지 특강들이 엄마들을 유혹한다. 한마디로 혼자 생각하고, 온전히 휴식하는 시간이 절대적으로 부족해 '시간에 쫓겨' 사는 것이 요즘 아이들이다.

아인슈타인은 "지식보다 중요한 것은 상상력이다"라고 했고 "사색을 포기하는 것은 정신적 파산 선고와 같은 것이다"라고도 했다. 빌 게이츠는 1년에 두 번씩 '생각하는 주간'을 가지면서 아무것도 하지 않고 생각에만 집중한다고 한다. 이처럼 아이들도 혼자 생각하고 혼자 쉬는 시간은 중요하다. 빌 게이츠가 빈둥거리는 시간을 통해 창조적인 아이디어를 얻는다면 아이들은 혼자 있는 시간을 통해 자기주도성을 기른다. 어떻게 시간을 보내봤더니 즐거웠는지, 어떻게 공부를 해보았더니 효과가 있었는지 이런저런 경험들을 통해 무엇이 하고 무엇을 하지 말아야 할지를 깨닫게 된다. 이런 시간들을 통해 공부를 할 때에도 자기만의 방법을 찾고 실천한 아이들이 일명 '공부의 신'이 되는 경우가 많다. 교육 관련 방송을 하면서 최상위권 성적을 가진 아이들에서부터 수능 만점자, 해외 명문 대학생에 이르기까지 수많은 공부의 신들을 만나봤는데 실제로 자신의 페이스에 맞춰 공부할 수 있는 시간을 확보하고 최대한 활용했다는 공통점을 발견할 수 있었다.

대치동에서도 톱클래스의 아이들만 들어갈 수 있다는 고등학교 수학 학원 원장도 이런 점에 크게 공감했다.

"최상위권 학생들일수록 자기주도학습 습관이 잘 잡혀 있는 경우가 많습니다. 진짜 공부 잘하는 아이들은 자기가 뭘 모르는지 정확히 알고 있어요. 그래서 학원 수업을 듣긴 들어도 자기가 모르는 파트만 선택해서 이 정도 기간에 이 부분을 배우면 되겠다는 것을 알아요. 남는 시간에 다른 공부를 하면 더 잘할 수 있어서 시간이 아깝다는 거죠. 혼자 공부하는 시간이 어떻게 보면 남들을 앞지르는 진짜 시간인 거죠. 최상위권 학생들의 엄마들은 그래서 이런 부분은 아이의 의견을 존중하고 따라주는 경우가 많아요. 오히려 학원 의존증에 걸린 엄마가 효율적인 공부 방식을 가로막는 경우도 허다합니다. 자기주도학습도 그래서 엄마와 자녀의 손발이 맞아야 척척 이루어질 수 있어요."

학원을 다니지 않고도 혼자 공부해서 좋은 결과를 얻었다는

2015학년도 수능 만점자 이혜원 학생 역시 공신이 될 수 있었던 비결로 "혼자 공부할 수 있는 시간을 확보했던 것"이라고 말했다. 어머니 류영진 씨는 딸이 원하는 공부 방식을 존중해주었고 혼자서도 잘 해낼 것이라는 믿음을 가지고 지켜본 것 말고는 한 것이 없다며 겸손해했다.

"중학생 때 딸아이가 학원에 다니기 싫다고 펑펑 울더라고요. 몸도 피곤하고 힘들었나 봐요. 억지로 보내 봐야 공부가 되는 것도 아니니까 중학생 때부터는 학원을 보내지 않았어요. 학원을 다니면 혼자 공부할 수 있는 시간이 줄고 학원 진도에 맞춰서 밤늦게까지 앉아 있어야 하니 체력만 떨어진다고 하더라고요. 그런데 학원을 안 다니고 취약한 부분 위주로 공부를 하니 오히려 시간 여유가 생기더라고요. 모르는 것은 따로 체크해서 선생님께 질문하는 식으로 공부한 방법도 많이 도움이 됐다고 하더라고요. 평일에 늦게까지 학원에 매어 있지 않으니까 주말에는 늦잠을 자주 자기도 하고 영화도 보러가고 친구들이랑 맛있는 것도 먹으러 가고, 수험생치고는 꽤 여유가 있는 편이었어요."

대개 혼자 있는 시간이 길수록 그 시간을 온전히 자신의 것으로 만들 수도, 오히려 쓸데없는 곳에 빼앗길 수도 있다. 그만큼 수험생들의 시간 관리는 성적과도 직결된다. 따라서 자신에게 맞는 공부 방식을 선택하고 효율적으로 공부할 수 있도록 도와주는 것이 좋다. 혼자 공부하는 방식을 선택했다면 스스로 공부할 수 있는 아이인지 그저 학원이 싫어 혼자만의 공간으로의 탈출을 원했던 것인지 대화를 통해 평소 학습 태도를 파악하고 그에 맞는 학습환경을 선택하는 지혜가 필요하다.

어느 날 쉽게 되는 일은 아니다. 어린 시절부터 일상에 쉼표를 찍고 삶의 휴식과 여유를 즐기는 긍정적인 삶의 태도를 가질 수 있게 하자. 때로는 조금 늦게 가더라도 결국 멀리 가는 방법이 될 수도 있다. 숨 쉴 틈 없이 빽빽하게 짜놓은 방학 특강보다는 시간적 여유를 가지며 좋아하는 책을 읽게 하고, 명성이 자자한 체험 프로그램보다 주변 풍경을 천천히 감상하는 산책이 무엇보다 소중하다는 것을 느끼게 하자.

그리고 잊지 말자. 아이들은 자신의 인생을 스스로 계획하고 이루어나갈 때 더 많은 기능성을 키워나가는 존재들이란 사실을. 또 실패의 경험을 받아들이고 도전하는 과정을 통해 키워진 자기주도성으로 세상을 변화시키는 인재로 성장해나갈 수 있다는 사실. 금이냐 흙이냐 수저의 종류가 중요한 게 아니다. 그 수저로 무엇을 먹고 어떻게 소화시켜 삶과

가치관을 풍성하게 살찌울 수 있느냐가 중요하다. 기억하자. 이런 아이들은 흙으로도 금보다 비싼 도자기를 만들 수 있다는 사실을!

세계 1등을 만든 마음의 힘, 자존감

**글쓰기와 셈하기보다 중요한
자기 사랑하기**

초등학생 때 40점을 맞았던 아이가 하버드대학교 교수가 되어 화제를 모았다. 서른에 하버드대학교 교수가 된 자랑스러운 한국인, 조세핀 교수의 이야기다. 그 비밀은 바로 어머니가 심어준 소중한 선물, '자존감'이었다. 자존감(self-esteem)은 자신을 존중하고 사랑하는 마음이자 스스로를 가치 있는 존재라고 여기는 마음이다. 또한 인생의 역경에 맞서 이겨낼 수 있는 자신의 능력을 믿고, 스스로의 노력에 따라 삶에서 성취를 이뤄낼 수 있다는 자기 확신이기도 하다.

조세핀 교수는 8살 때 미국으로 이민을 가서 학창 시절에 F 학점을 받기도 했고 가난한 목회자의 딸로 16살 때부터 아르바이트를 하며 힘든 생활을 이어나갔지만 여러 역경 속에서도 포기하지 않을 수 있었던 힘은 자존감이었다고 한다. 조세핀 교수의 어머니는 딸이 초등학생 시절에 40점을 받아와도 "4개나 맞았네"라며 격려를 아끼지 않았고 혼낼 때에도 "이 복 받을 녀석아" 하면서 말로 기죽이지 않기 위해 노력했다고 한다. 이런 어머니의 긍정적인 말과 행동이 딸이 스스로를 소중히 하는 마음을 지켜나갈 수 있었던 힘이 됐고, 결국 가난한 이민자의 딸이라는 주변의 시선과 힘든 상황을 극복하고 꿈을 이룰 수 있게 했다.

교육학을 가르치고 있는 조세핀 교수는 자신의 삶의 행적을 거울삼아 자존감에 대한 연구를 진행하기도 했는데, 우리나라 학생들이 부모에게 가장 많이 듣고 자란 말은 "공부해"였다고 한다. 그럼 하버드대 학생들이 부모로부터 가장 많이 들은 말은 무엇이었을까? "다 괜찮을 거야", "네가 가진 모든 것에 감사해라", "너는 나의 귀중한 보물이야" 이런 말들이었다고 한다. 결국 눈앞의 성적에 연연하지 않고, 지금은 부족하더라도 아이의 모습과 상황을 인정하며 사랑의 힘으로 가능성을 더 크게 키울 수 있도록 마음을 따뜻하게 건드려주었음을 알 수 있다. 실제로 여러 연구에서 자존감이 높은 아이들이 그렇지 않은 아이보다 학습능력이나 사람들과의 관계 등 다양한 면에서 높은 능력을 나타낸다는 점이 밝혀지기도 했다. 이런 점에서 보듯 어린 아이에게 글쓰기와 셈하기를 시키는 것보다 더 중요한 것은 자신을 사랑하고 인정하는 마음을 갖도록 돕는 일, 바로 자존감을 길러주는 일이다.

역경에 맞서는 아이
VS. 주저앉는 아이

월화수목금금금. 주말 없이 학업에 매달려야 하는 우리나라 학생들의 슬픈 자화상이다. 과도한 학업 스트레스 때문에 우리나라 학생들의 행복지수가 세계에서 가장 낮다는 말도 자주 들린다. 하지만 '피할 수 없다면 즐겨라'라는 말처럼 당장 교육의 틀을 바꿀 수는 없다면 부모의 마인드가 달라져야 한다. 어떤 아이는 힘든 상황도 꿋꿋이 잘 이겨나가고, 또 어떤 아이는 능력은 차고 넘치는데 제대로 역경과 맞서보기도 전에 힘들다, 어렵다 하며 쉽게 포기하고 마는 경우도 있다. 그렇다면 《사서오경》 중 〈예기〉에 등장하는 이 말을 기억하자.

"처음에는 차이가 털끝 정도로 작아도 나중에는 천 리만큼 간격이 벌어진다."

작은 차이 같지만 비교할 수 없을 만큼 다른 미래를 가져다줄 수 있는 것이 바로 자존감이다.

세계 최고의 자리에 오른 이들을 보면 수많은 역경과 좌절을 이겨낼 수 있었던 성공 원동력이 '자존감의 힘'이었음을 알 수 있다. 19살에 세계 최정상 독일 슈투트가르트 발레단에 최연소로 입단해 주목받았던 발레리나 강수진을 보자. 그녀는 한 방송에서 이런 질문을 받았다. "실력이 좋다 보니 경계심을 보이고 험담을 하며 깎아내리는 동료들이 많았는데 그런 것에 휘둘리지 않고 어떻게 최고가 될 수 있었는가?"였다. 이런 답이 돌아왔다. "저에게 중요한 것은 제가 정한 기준이었어요. 나 자신에게만 집중했고 내가 정한 어떤 수준에 오르는 것이 저에게 중요했어요." 피겨 퀸 김연아 선수도 정상에 오를 수 있었던 비결로 비슷한 대답을 했다. "다른 사람의 말보다는 제 자신에게만 집중하려고 했어요." 세계 1등이 지닌 위풍당당한 자신감을 엿볼 수 있는 대목이다.

특히 자존감이 높은 사람은 '나는 할 수 있어'라는 긍정적인 자기암시를 많이 하지만 자존감이 낮은 사람은 '난 노력해도 안 될 거야'라는 부정적인 생각을 많이 한다고 한다. "이 순간을 넘어야 다음 문이 열린다"는 김연아의 말처럼 자기 자신을 믿고 인정하는 사람은 본인이 정한 기준에 맞춰 만족하지 못하면 스스로 더 노력해야 한다고 느끼게 되는데, 이것이 바로 자존감의 힘이다. 결국, 남을 이기는 것보다 나 자신과의 승부에 집중하고 만족하는 마음과 할 수 있다는 자신감이 숱한 역경을 이겨내고 정상에 오를 수 있게 한 힘, 자존감을 키워주는 강한 촉매제가 되었던 것이다.

조세핀 교수는 "자존감이 실패에 빠진 아이를 다시 일으켜 세울 수도, 포기하게 할 수도 있다"고 했다. 이를 위해 "아이의 자존감을 키우는 부모의 교육이 중요하다"고 했다. 그 첫 번째 교육은 역시 부모의 말과 태도다. 아이는 느낌을 표현할 수 없는 아주 어린 시절부터 자신을 안아주던 엄마의 표정, 기저귀를 갈아주는 아빠의 행동과 같은 작은 교감과 몸짓에서도 부모가 자신을 어떻게 생각하고 있는지 본능적으로 느낄 수 있다. 아이가 어릴수록 아이 키우는 일이 전쟁처럼 힘들다는 부모들은 육아의 힘겨움을 짜증과 잔소리로 아이에게 쏟아내기도 한다. 아직 어린데 기억하겠냐며 위안을 해보기도 하지만 잘못된 생각이다. 부실한 자재로 지은 집은 겉은 화려하더라도 오랫동안 버티지 못한다. 매일매일 아이에게 하는 말과 행동, 대화 하나하나는 아이가 인생이라는 집을 튼튼하게 만들 수 있는 아주 중요한 재료다. 좋은 말과 행동으로 세운 집은 거센 비바람이 몰아쳐도 쉬이 상처입지 않는다.

그러나 아이의 자존감을 높여주기 위한 노력은 당장 되는 것이 아니다. 아이가 태어난 순간부터 매일매일 "사랑해", "자랑스럽다", "보고 싶어"와 같은 애정 가득한 표현을 하면서 많은 교감을 나누어야 아이의 마음속에 자존감이 서서히 자리 잡게 된다. 초등학교를 졸업할 무렵이 되면 자존감은 자기 자신을 평가하는 마음으로 굳어진다. 이때 '난 해낼 수 있어', '한 번 더 해보자'라는 긍정적인 마음을 가지게 되면 평생을 긍정적으로 살아가는 자양분이 된다. 당신의 아이는 행복한 성공을 향해 가는 길, 어디쯤을 걸어가고 있는가?

자존감을 키워주는
특급 칭찬

　　　　　　　　 존 버닝햄이라는 작가가 쓴 그림책을 보면 세상에서 가장 못된 아이를 세상에서 가장 사랑스러운 아이로 변하게 만드는 칭찬의 힘을 묘사한 내용이 등장한다. 간략하게 내용을 보면 주인공 에드와르도는 방을 어지럽히고 떠들며 동생과 강아지를 괴롭힌다. 다들 '세상에서 가장 못된 아이'라며 손가락질한다. 어느 날 에드와르도가 화분을 발로 뻥 찼는데 거기서 떨어진 화분의 화초가 흙 위로 떨어져버렸다. 지나가다 그 모습을 본 아저씨는 에드와르도에게 정원을 가꾸기 시작했냐며 칭찬을 해주었다. 다른 식물들도 함께 심어보라는 격려의 말도 해주자 에드와르도는 다른 식물들도 심기 시작했고 나중에는 정원 전체를 가꾸게 되었다. 하지만 못된 행동을 또다시 하게 되는데, 그때마다 우연의 사건들이 잇달아 일어나면서 에드와르도는 계속 칭찬을 받았고 칭찬에 힘입어 무엇이든 너욱 잘하려고 노력하게 되었다. 결국 에드와르도는 모든 사람에게 사랑받는 '세상에서 가장 사랑스러운 아이'가 되었다는 이야기이다. 이 이야기를 통해 무엇을 느낄 수 있는가? 바로, 아이의 변화와 성장은 꾸지람이 아닌 칭찬과 인정을 통해 일어난다는 것이다.

　나도 아이를 키우면서 칭찬을 통해 아이가 좋은 방향으로 성장해가는 모습들을 많이 봐왔다. 칭찬은 고래를 춤추게 한다고 하지만 마음에서 우러나오는 진심 어린 칭찬은 아이의 바른 성장을 이끌어 부모를 춤추게 한다. 단, 자존감을 키워주기 위한 칭찬에도 전략과 기술이 필요하다. 아들 이야기를 잠시 하자면, 아들 혜준이는 어릴 적부터 유난히 수에 흥미가 많았다. 유치원에서 친구들과 비교해 셈이 빠르고 정확하다 보니 "엄마, 나는 수학왕이지?"라고 으쓱으쓱하며 자랑스러워하곤 했다. 첫아이인 만큼 의욕에 찬 예비 학부모의 자세로 "우리 아들 머리 좋네", "많이 맞았네", "대단하다"라며 칭찬 세례를 퍼부어주었다. 그 덕인지 세계에서 가장 유명한 수학자가 될 거라며 큰 꿈도 꾸었다. 그런데 문제는 초등학교에 들어가면서부터 시작됐다. 단순한 문제 풀이가 아닌 사고력과 창의력을 기를 수 있는 서술형 문제의 비중이 높아지면서 국어 실력이 좋아야 문제를 이해하고 풀 수 있게 되었다. 국어 실력이 부족해 수학도 어려운 상황이 되어 기대만큼 점수가 잘 나오지 않자 아이는 "나는 수학 못해", "글씨 쓰는 게 너무 많아서 어려워"라며 가장 좋아했던 과목과 담을 쌓을 지경이 됐다.

왜 이렇게 됐을까? 뭐가 잘못됐을까? 곰곰이 생각을 해보니 문제는 수학 실력이 아니라 칭찬의 방법에 있었음을 알 수 있었다. 자신감을 불어넣어주려는 의욕에 앞서서 "잘 풀어서 대단하다", "우리 아들 머리 좋네"라고 했던 칭찬이 결국 아이에게는 결과를 중요하게 여기도록 하는 부작용을 초래했던 것이다. 이 경험은 많은 교육서에서 말하는 '과정을 칭찬하라'라는 말의 중요성을 깨닫게 된 계기가 됐다.

너도 나도 아이를 잘 키우는 최고의 방법으로 '칭찬만 한 것은 없다', '칭찬은 구체적으로 하라'라는 주장을 많이 한다. 어린이의 눈높이에서 교육할 수 있는 방법을 개발해 전 세계 부모들에게 교육 지침으로 삼게 했던 이탈리아의 아동교육자 마리아 몬테소리는 칭찬의 힘에 대해 이렇게 말했다.

"어린이의 감춰진 힘을 알아내어 칭찬하고 그 힘의 성장을 돕고 보조하겠다는 의도를 가지고 겸손히 다가가야 한다. 그렇게 하면 어린이의 진정한 품성이 내면의 힘을 가지고 우리 앞에 드러날 것이다."

이처럼 칭찬은 아이의 감춰진 힘을 알아내어 우리 앞에 그 모습을 드러낼 수 있도록 해야 한다.

좋은 약도 많이 먹으면 잘 듣지 않듯이 칭찬도 자주 들으면 내성이 생긴다. 칭찬과 인정을 너무 자주 받다 보면 칭찬이 식상해져서 흥미를 잃게 될 수도 있으니 아이가 어떤 일을 끝냈을 때에 너무 자주 칭찬하는 것은 피하고, 칭찬을 하려면 노력한 사실에 집중해서 해주는 것이 좋다. 아이가 할 수 있는 것을 중심으로 칭찬을 하되 스스로 노력해서 바꿀 수 있는 부분을 찾아낼 수 있도록 노력한 과정에 대해 칭찬을 하는 것이 좋다. 나도 칭찬 그 자체에 집중해 오히려 노력보다 결과를 중요하게 생각하게 만든 건 아닌지 곰곰이 되돌아봤다. 이후로 "열심히 하더니 많이 좋아졌는걸?", "지난번보다 책을 더 많이 읽었네"와 같이 늘 칭찬의 핵심을 노력에 뒀고 아이 스스로도 노력으로 인해 얻은 결과를 더 크게 인정할 수 있게 됐다. 성취하는 기쁨도 이럴 때 더 크게 느낄 수 있는 것이다.

하지만 여기에서 잊지 말아야 할 점이 있다. 자존감을 키워주는 칭찬은 따로 있다는 것이다. 마리아 몬테소리가 말했듯 "어린이의 감춰진 힘을 알아내어 칭찬하고"라는 부분에 주목하자. 과연 아이들의 감춰진 힘은 무엇이고 부모들은 이를 보는 눈을 어떻게 길러야 할까?

글씨 쓰기를 예로 들어보자. 글씨를 얼마나 잘 썼는지보다 "고사리 같은 손으로 몇 번이나 지우고 쓰고를 계속했기에 이렇게 지우개 자국이 많을까?", "문제는 많이 틀렸어도 연필을 꾹꾹 눌러쓴 흔적을 보니 차근차근 풀려고 노력했구나." 자, 이제 그냥 지나쳤던 아이의 노력의 흔적이 보이는가? 이런 노력이 '어린이의 감춰진 힘'이며 당장에 드러나지 않더라도 나중에는 폭발적으로 성장할 수 있는 가능성의 한 자락을 보여주는 대목이다. 나도 시행착오를 거쳐 노력하는 과정에 중점을 두고 칭찬해주었고 혜준이는 자존감이 잘 자라고 있음을 변화된 모습으로 보여줬다. 처음에는 수학 성적이 잘 안 나와 시무룩해하던 아들이 조금씩 성적이 올라가자 "나 같은 장난꾸러기가 이만 하면 잘했지?"라며 활짝 웃어 보였던 기억이 난다. 백점에 큰 의미를 두기보다 스스로 자신을 인정하고 노력한 결과를 당당하게 받아들이는 자세를 보니 "우리 아들 많이 컸네"라며 미소가 절로 지어졌다.

잘못을 지적하기보다
잘한 점을 더 칭찬한다

긍정심리학자 마틴 셀리그만은 이런 말을 했다. "아이를 잘 기르는 것은 그 아이가 지닌 단점을 고치는 것이 아니다. 아이가 지닌 강점과 미덕을 파악하고 계발해줌으로써, 아이가 자신에게 맞는 긍정적인 특질을 최대한 발휘하게 해주는 일이다."

많은 부모들이 훈육을 한다는 명목으로 자주 하는 행동이 있다. 아이가 잘못을 했을 때 바로바로 고쳐주겠다며 그 행동을 발견함과 동시에 "이건 절대 안 되는 거야"라며 지적하는 것이다. 그러나 아이러니하게도 아이들은 잘한 행동을 칭찬하면 칭찬받고 싶어서 더 잘하려 하지만, 잘한 행동에 관심 받지 못한 상태에서 잘못한 것에 대해서만 지적받게 되면 밟혀버린 풀처럼 금세 기가 죽어버리거나 하기 싫다는 반항심만 더 강해질 수 있다. 아이들은 본능적으로 어떻게 하면 관심과 사랑을 받을 수 있는지 귀신같이 알아내는 존재들이다. "또 청소 안 했니? 네 책상은 네가 치우라고 몇 번 말했니?"라는 말보다 "책상이 어제보다 더 깨끗해졌네. 엄마 말 듣고 조금이라도 정리가 되었네" 하는 식으로 말해준다면 아이는 칭찬받고 싶은 마음으로 인해 그 행동을 더욱 강화시켜나가게 된다. 엄마가 원했던 '더 깨끗해진 책상'이라는 말이 머리에 박히면서 그때부터 칭찬받을 만한 행동을 더 열심히 하게 되는 것이다.

둘째 아이가 5살 무렵에 비뚤어진 자세로 앉아 있다가 의자가 휘청이면서 자주 넘어지곤 했었는데, 이때 역시 "의자에 똑바로 앉아야지"라는 여러 번의 지적보다 "오늘은 의자에 똑바로 앉았구나"라는 칭찬 한 번이 더 효과가 있었다. 그 후로 아이는 의자에 앉을 때마다 "엄마, 저 예쁘게 앉았어요"라고 으쓱해하면서 어느 샌가 잘못된 습관을 고쳤다.

그리고 무엇보다 2보 전진을 위해 1보 후퇴가 필요할 때가 있다. 바로 시험 성적 앞에서다. 답답한 마음이 앞서 성적에 따라 얼굴이 붉으락푸르락하며 조목조목 부족한 점을 지적하는 부모들이 많은데, 이런 행동은 앞으로의 변화에 아무런 도움이 되지 못한다. 시험지를 가지고 오면 우선 잘한 부분부터 칭찬한 후에 개선할 점을 말해주는 것이 효과적이다. 스티그마효과(stigma effect)라는 것이 있다. 낙인효과라고도 하는데, 한번 나쁜 사람으로 여겨지게 되면 스스로 나쁜 행동을 하게 되는 경우를 말한다. 반대로 피그말리온 효과(pygmalion effect)라는 것이 있다. 다른 사람에 대해 기대하거나 예측하는 바가 그대로 실현되는 경우를 일컫는 말이다. 하버드대학교의 로젠탈 교수가 미국의 초등학생들을 대상으로 피그말리온 효과를 실험했는데, 교사가 학생들에게 성적이 좋아질 것이라는 긍정적인 기대를 갖고 격려했더니 아이들은 이에 부응하기 위해 실제로 성적이 향상됐다고 한다. 성적뿐만이 아니라 실패한 일에 대해서도 부끄럽거나 두렵다고 느끼게 만들기보다 실수를 통해서도 얼마든지 배울 점이 있다는 것을 깨닫게 해야 한다. 그래야만 이를 성공을 향한 디딤돌로 삼아 더 나은 발전을 위한 도약의 기회로 활용할 수 있을 것이다.

자존감 낮은 부모가
무기력한 아이를 만든다

앞에서도 언급했듯이 자존감이 잘 형성된 아이는 학업 성적이 우수하고 친구들과의 관계도 좋으며 자신의 판단에 확신이 있다. "뉘 집 자식이야. 정말 잘 키웠네"라며 부러움을 한 몸에 받는 아이들을 가만히 바라보면 대부분 자존감이 높은 경우가 많다. 이런 아이들은 새로운 과제가 닥쳤을 때에도 성공에 대한 자신감이 높다. 어려움이 닥쳤을 때에도 포기하지 않고 끝까지 해결하기 위해 노력한다. 자신을 지탱해주는 감정의 심지가 굳건하기 때문에 다른 사람의 비난이나 어쩌다 생기는 실수에도 쉽게 흔들리지 않고 유연하게 대처할 수 있게 되는 것이다. 반면에, 많은 연구에서 밝혔듯이 어린 시절부터 자존감이 약한 아이는 성장하면서도 자신감이 부족하기 때문에 대인관계가 원만하지 않고 열등감이 심한 경우가 많다고 한다.

  부모들은 걱정이 많다. "우리 아이는 키가 작아요", "너무 소심해서 걱정이에요", "공부에 관심이 없어요" 성장 상태와 성격, 학습 성향까지 걱정은 끊이지 않는다. "너 이렇게 공부 안 하다가 나중에 밥벌이나 제대로 하겠니?" 지금 하는 걱정도 모자라 오지도 않은 미래에 대한 걱정을 사서 하기까지 한다. 심리학자들에 의하면 우리가 하는 걱정의 90%는 일어나지 않을 일에 대한 것이라고 하는데 왠지 아이들에게만은 잘 적용되지 않는다는 것이 인지상정이다. 하지만 불안과 한숨이 깊어지는 만큼 점점 더 작아지는 것이 아이들의 잠재력이다. 두려움과 근심은 고스란히 아이에게 전해져 또 다른 불안을 낳고 그 불안은 실패와 좌절로 이어지기 쉽다. 아이에게는 '본능'과 '감각'이라는 두 개의 눈이 있다. 아주 어린 아이에게도 부모의 말과 행동이 주는 느낌은 고스란히 눈을 통해 가슴으로, 가슴을 통해 온몸으로 전해진다. 생후 6개월 이후의 아이는 부모의 반응을 통해 자신에 대한 이미지를 형성한다고 한다. 하지만 자존감 낮은 부모가 아이에게 감정적인 말로 아이의 마음에 상처를 주게 되면 '나는 해도 안 될 거야'라는 부정적인 생각에 빠지게 될 수 있다.

초등학생 두 명을 키우고 있는 한 워킹맘은 밤 10시나 되어야 집에 돌아와 남은 집안일까지 해야 해서 힘든데 희생하는 엄마의 마음을 몰라준다며 힘겨움을 털어놓았다.

"일에 지쳐 몸이 천근만근인데 집에 와서 밤늦게 아이들의 숙제 체크까지 해야만 잠이 와요. '엄마가 이렇게 희생하는데 너희들은 잘 해야지 나처럼 안 산다'라고 입버릇처럼 말하는데 애들은 이런 엄마 마음도 모르고 어차피 공부해도 잘 못 할 것 같으니까 하기가 싫다고 하는 거예요. 다른 애들은 부모가 뼈 빠지게 일해서 돈 벌어서 키워주면 고마운 줄 아는데 우리 애들은 그것도 몰라요. 그러니까 계속 잔소리하게 되고 아이들은 이제 공부하라는 소리만 해도 지겹다고 대들고… 악순환이죠. 사는 게 쉽지 않네요."

교육 칼럼에서 한 정신과 의사가 했던 말이 기억난다.

"아이에게서 부모의 실패한 과거를 보지 마세요."

자신의 실수를 되풀이하지 않도록 하려는 엄마의 걱정이 아이에게는 오히려 '엄마처럼 잘 되지 않을 것'이라는 부정적인 생각을 심어줄 수 있다. 아이가 잘 되길 바라는 마음에서라도 부모가 무의식중에 내뱉는 부정적인 말이나 큰 부담이 반복되면, 아이가 실패와 좌절을 반복적으로 경험했을 때 '도전하는 아이'가 되기보다는 쉽게 '포기하는 아이'가 되어버릴 수 있다. 적당한 실패의 경험은 더 큰 성공을 위한 동기 부여가 될 수 있지만, 공부를 해도 성적이 잘 오르지 않는 등의 경험이 반복되면 '왜 성적이 안 올랐을까?', '어떻게 공부를 해야 할까?'라는 생각보다 '나는 안 될 거야'라는 생각을 가지게 되고 새로운 경험에 도전조차 하지 않게 되는 무력감에 빠져들 수 있다는 것이다.

예를 들어, 장난감을 가지고 놀다 망가뜨린 아이에게 "그럼 그렇지. 아직까지 웬일로 잘 가지고 논다 싶었다. 저런 애는 아예 뭘 사주지를 말아야 돼"라고 하거나 시험을 망쳐 속상한 아이에게 "너는 뭘 해도 잘하는 걸 한 번도 못 봤다. 머리를 폼으로 달고 다니니?"라는 말로 비수를 꽂는 부모가 있다고 하자. 아이는 누구보다 속상해하고 있는 자신의 마음을 이해하지 못하는 부모가 원망스러울 것이고, 그다음으로는 '또 혼날 거니까' 또는 '실패가 두려워서'와 같은 여러 이유로 불안과 두려운 마음이 몰려올 것이다. 그리곤 '해봤자, 또 못할 텐데…'라는 부정적인 암시가 새겨지면서 자신감을 잃고 결국엔 자신을 사랑하고 인정하는 마음인 자존감까지 잃을 수 있게 되는 것이다.

이런 특징을 확인시켜준 충격적인 실험이 있다. 한 마리의 개를 사방에 벽이 높게 쳐진 곳으로 데리고 가서 문을 닫고 바닥에 강한 전기 충격을 줬다. 그러자 개는 고통을 이겨내기 위해 필사의 탈출 노력을 하기 시작했다. 하지만 벽이 너무 높아서 아무리 껑충 뛰어오르고 발버둥을 쳐도 자꾸만 미끄러질 뿐이었다. 이런 시도와 좌절이 몇 차례 반복되고 나자 개는 탈출하려는 노력을 포기하고 고통스러운 전기 충격을 고스란히 받아들였다. 이후에 개를 원래 사는 곳으로 데려다주고 다음 날 다시 어제의 공간으로 데리고 갔다. 이번에는 벽을 아주 낮추어 쉽게 달아날 수 있도록 해놓았지만 개는 전기 충격이 다시 가해졌을 때 달아나려는 노력조차 하지 않고 무방비로 고통을 감수했다고 한다. 이는 셀리그먼이라는 심리학자가 연구한 '학습된 무기력'에 대한 결과다. 이 실험은 부정적인 경험이 누적되면 스스로 어찌할 수 없는 무력감에 빠져드는 현상을 밝힌 것으로, 아무리 해도 안 된다는 지독한 좌절의 경험을 했던 개는 탈출할 수 있는 상황이 돼도 시도조차 하지 않게 되는 무력감에 빠지게 된 것이다.

아이들도 마찬가지이다. 따뜻한 말 한 마디와 칭찬은 자신감을 높여주지만 반대의 경우 부작용도 크다. 예를 들어, 열심히 노력해서 선생님 앞에서 발표를 했을 때 칭찬보다 잘못했다는 지적이나 비난을 받으면 자신감을 잃고 다시는 잘 해보려는 시도조차 하지 않을 수 있다. 가끔 학교에 가보면, 선생님의 질문에 눈을 마주치며 열심히 손을 드는 아이가 있는가 하면, 시킬까 봐 두려워서 눈도 안 마주치는 아이들도 있다. 이것 역시 학습된 무기력의 한 예다. 어린 시절부터 가정이나 학교에서 폭력에 자주 노출된 아이들이 극단적인 무기력에 빠져서 이런 상황에서 벗어나려는 노력을 하기보다는 무기력감에 빠져 삶의 의욕을 잃고 불행을 느끼는 경우도 많다. 혹시 아이에게 무심코 던지는 말이 아이의 자존감을 갉아먹고 있지는 않은지 되돌아보자. 그리고 기억하자. 자존감 낮은 부모의 모습은 아이에게 부정적인 모습의 미래를 떠올리게 하며 자존감이 높은 부모의 행복한 모습은 아이에게 아름다운 미래의 꿈을 꾸게 한다는 사실을.

(3)

꿈을 현실로 만드는 힘,
자기조절력

**'자기조절력'이
진정한 실력**

놀아도 놀아도 지칠 줄을 모르는 에너자이저들. 몇 시간이고 놀다가 이제 집에 가자고 하면 한결같이 하는 말이 있다. "힝~ 나 하나도 못 놀았어…." 하루 종일 TV만 보고 있는 아이에게 이제 많이 봤으니 끄고 밥 먹자고 하면 또 한 마디가 돌아온다. "나 TV 조금밖에 못 봤어." 초등학교 교사 생활을 30년 가까이 하신 시어머니가 이럴 때마다 늘 하시는 말씀이 있다. "참을 줄도 알아야지."

우리도 그렇다. 살다 보면 반드시 해내리라 결심했던 것들을 생각처럼 실천하기 쉽지 않은 경우들이 많다. 큰 시험을 앞두고 재미있는 드라마에 빠져서 망쳐버리고 말거나 중요한 발표를 앞두고 피곤하다는 핑계로 미루고 또 미루다 시간에 쫓겨 마무리해버리고 만다. 중요한 순간마다 우리는 '조금만 참을 걸' 하는 후회를 얼마나 많이 해왔는가. 지나고 난 뒤에 후회가 밀물처럼 밀려들지만 왜 바로 그 순간에는 '끊어야 할 때 끊고 진짜 해야 할 일에 몰두할 수 있는 결단'을 보이기 힘든 걸까?

인생은 우리 앞에 놓인 수많은 선택과 그 선택의 결과들이 모여 방향을 결정짓는다. 어머니의 오랜 연륜에서 나오는 "참을 줄도 알아야지", "기다릴 줄도 알아야지"라는 말은 중요한 것을 앞두고 작은 것에 휘둘리지 말라는 당부이자 바람이기도 할 것이다. 이 말을 들을 때마다 수많은 선택 앞에서 갈팡질팡하는 아이들을 '어떤 아이로 키워야 할지'에 대한 해답처럼 느껴지곤 했다. 하지만 어른들도 눈앞의 유혹이 마음을 뒤흔들면 지금 당장 눈에 보이지 않는 미래까지 생각하며 마음을 다잡기란 결코 쉽지 않은 노릇. 자신을 조절하는 일이 그만큼 어렵기 때문에 대문호 괴테도 "가장 중요하지 않은 일 때문에 가장 중요한 일을 놓쳐서는 안 된다"고 말했던 게 아닐까?

많은 사람들이 성공의 조건으로 '자신만의 실력'이 있어야 한다고 말을 하는데, 나는 현대사회에서 반들반들 윤이 나게 갈고 닦아야 할 진짜 실력이야말로 '자기조절력'이 아닐까 싶다.

자기조절력은 말 그대로 어떤 것을 성취하기 위해 자신의 욕구를 조절하고 통제할 수 있는 능력이다. 그런데 문제는 우리 아이들이 눈앞의 욕구에 휘둘려 생각과 행동을 통제하는 능력이 점점 떨어지고 있다는 것이다. 아무리 거창한 목표나 건설적인 삶을 꿈꾸어도 브레이크 없는 자동차처럼 한계 없이 인생대로를 질주하다 보면 힘들게 쌓아올린 인생과 성공도 큰 장애물에 부딪혔을 때 한순간 힘없이 와르르 무너져내려 버릴 수 있다. 그래서 필요한 것이 '무엇을 해야 하고 어떤 것을 하지 말아야 할지' 알고 통제할 수 있는 자기조절력이다.

빛의 화가라 불리는 프랑스의 화가 모네. 그의 걸작 가운데 〈수련〉이라는 작품이 있다. 수련의 형상을 여러 가지 색깔을 겹쳐 바르는 방식으로 물감 재료와 그리는 방식에 따라 다양한 느낌을 표현했다. 특히 수련을 담고 있는 연못에 일렁이는 빛까지 재현해, 사물의 아름다움을 눈에 보이는 것 이상으로 생생하게 보여주고 있다. 또한 그림을 그린 시기에 따라 각기 다른 수련의 모습을 여러 그림으로 남겼다. 이처럼 훌륭한 화가는 머리와 가슴 속에서 형상화했던 이미지들을 좋은 작품으로 만들어낸다. 텅 빈 도화지에 원하는 색채, 붓을 터치하는 힘, 섬세한 손끝의 감각까지 많은 것들을 조절해가며 명작을 완성한다. 우리 아이들의 인생도 하얀 도화지와 같다. 거기에 어떤 그림을 그려나갈지는 스스로의 노력, 특히 자기조절력에 달려 있다. 미래의 꿈을 인생이라는 도화지에 아름답게 그려나갈 수 있는 아이로 키우고 싶다면 자기조절력을 키워주자. 자기조절의 힘이 있는 아이는 한번뿐인 인생에서 명작을 완성할 수 있을 것이다. 반면 자기조절력이 부족한 아이는 언제 터질지 모르는 시한폭탄에 가깝다.

어느 날 한 인터넷 커뮤니티에 예비 초등학생 자녀를 둔 엄마들의 고민 릴레이가 펼쳐졌다. "우리 아들은 생일도 느린 데다 너무 장난꾸러기라 교실에서 장난만 칠까 봐 걱정이에요", "도무지 자리에 가만히 앉아 있질 못하는 아이라 매일 선생님께 혼만 나는 건 아닌지 모르겠어요", "우리 딸은 예민해서 누가 조금만 툭 건드려도 우는데 드센 남자아이들 사이에서 잘 버텨낼지 모르겠어요." 걱정 어린 대화들이 오가는 사이, 한 중학생 자녀를 둔 선배 엄마의 고민 해소성 답글이 눈에 들어왔다. "남자아이들은 그때는 짐승과도 같다고 보시면 돼요. 당장 배고픈 것, 놀고 싶은 것을 잘 못 참고 본능에 충실한 아이들이 잖아요. 그래도 한 1~2년 지나면 다 사람 되니까 걱정하지 마세요. 1년 정도만 지나도 괜한 걱정했다고 할 정도로 아이들 정말 많이 변합니다." 과장된 표현이긴 하지만 오죽하면 '짐승'이라는 말까지 썼을까? 하지만 초등학생 자녀를 다 키우고 중학생 학부모가 된 선배 엄마의 말처럼 이 시기의 아이들은 본능에 충실해 감정 조절이 미숙한 존재들이다.

아들의 첫 공개수업. 학교에 가보니, 의젓하게 앉아서 선생님의 말씀에 귀 기울이고 눈을 반짝이는 훈훈한 모습을 생각했건만 머릿속에 떠올렸던 이미지들은 영화 속 한 장면에 불과하다는 사실을 금세 깨달을 수 있었다. 복도에서 전력질주를 하는 아이, 가위를 입에 물고 있는 아이, 친구와 부딪혔다고 우는 아이, "이 바보야. 하지 말란 말이야"라며 거친 말을 쏟아내거나 "이거 내 거야"라며 물건을 확 낚아채는 아이까지, 성격도 개성도 각기 다른 수십 명의 아이들은 언제 터질지 모르는 시한폭탄과도 같아 보였다. 담임선생님의 모습이 그 순간, 얼마나 큰 존재처럼 느껴지던지. 치열한 전쟁터의 한가운데에서 미숙한 병사들을 일사분란하게 지휘하는 멋진 사령관처럼 보였던 기억이 난다. 그러나 2학년만 되어도 아이들은 언제 그랬

나는 듯 훌쩍 자라고 보란 듯이 의젓해진다. 그리고 10살 이후로 자기조절력은 더 빠르게 발달하기 시작해 본능보다는 이성과 감성이 조화를 이루는 존재로 서서히 성장해나가게 된다.

초등학교 1학년은 감정을 조절하고 자신의 행동을 제어하는 능력이 완전히 발달하지 않은 시기이다. 그런 만큼 이 시기에 아이는 아이대로 새로운 친구와 환경에 적응하는 것이 힘들고, 그런 아이를 보는 부모는 부모대로 힘들고 불안하다. 지금 생각하면 조마조마했던 마음조차 한때의 추억으로 느껴지기도 하지만 막상 현실로 닥치면 너무 힘들고 막막하다는 어머니들을 많이 봐왔다.

2016년 통계청 자료를 보니, 워킹맘들이 직장을 가장 많이 그만두는 시기가 바로 자녀가 초등학교에 입학하는 때라고 한다. 처음엔 '어떻게든 버텨봐야지' 하던 엄마의 의지가 학교에서 하루가 멀다 하고 걸려오는 선생님의 전화와 친구 엄마들의 원성을 듣기 시작하는 순간 바람 앞의 등잔불처럼 약해지기만 한다. 그러나 어린 시절부터 자기조절력을 길러주었던 아이는 규칙을 잘 지키고 충동적으로 화를 내지 않는 데다 안정적이고 온화하다. 아이들은 밝게 빛나는 해를 향해 고개를 돌리는 해바라기와도 같은 존재라서 **주변 사람들에게 사랑받**

고 인정받는다는 느낌을 받기 시작하면 스스로 옳지 못한 행동은 자제하고 더 반듯하고 바르게 자라기 위해 노력하게 된다. 초등학교 1학년 학부모들이 겪는 '폭풍 같은 시간들'이 힘겨워 직장을 그만두어야겠다고 생각하고 있다면, 늦었다고 생각할 때가 가장 빠른 때임을 알아두자. 지금부터라도 자기조절력을 키워주기 위해 노력하면 된다.

그렇다면 아이의 자기조절력은 언제부터 길러주는 것이 좋을까? 정신과 의사이자 뇌 과학자인 이시형 박사는 《아이의 자기조절력》이라는 책에서 자기조절력 발달이 가장 중요한 시기는 3~6세라고 말하며 자기조절력을 잘 발달시켜주면 감성과 이성이 조화롭게 발달하는 아이로 자랄 수 있다는 점을 강조했다.

"생후 3년간의 자기조절력 발달은 아이의 인간 됨됨이와 인생의 질을 좌우하는 필수불가결한 요소라 할 수 있습니다. 이것이야말로 인간력의 기초입니다."

뇌 발달 이론의 권위자인 UCLA 정신의학과 앨런 쇼어 교수는 충동적이거나 화를 잘 내지 않는 아이들은 '자기감정을 잘 조절하는 능력'이 발달된 아이들인데 이러한 능력은 부모의 사랑과 신뢰를 통해 기를 수 있다고 했다. 그리고 무엇보다 생후 1년 무렵 부모가 아이에게 주는 사랑이 중요하며, 부모와의 애착과 신뢰감이 잘 형성된 아이는 공감 능력이 잘 발달해 안정적인 정서를 지닌 아이로 자랄 수 있다고 했다.

"생물학적 인간이 되는 것과 심리적 인간이 되는 것은 전혀 다른 차원입니다. 자신이나 다른 사람도 가치 있는 중요한 존재라는 것은 이런 공감을 바탕으로 한 모자간의 인간관계에서 비롯됩니다. 이것은 자라면서 아버지, 형제, 친구 사이로 확대되어갑니다."

아직 감정을 제대로 다스리지 못하는 어린아이일수록 더욱 일방통행이 아니라 양방향 소통을 통해 무엇을 원하는지 바라볼 수 있어야 한다. 부모가 아이의 마음을 공감해주면 줄수록 아이도 '나는 가치 있는 존재'라는 생각을 가질 수 있게 되고, 남의 마음을 들여다보고 이해하려 노력하는 '공감형 아이'로 자랄 수 있게 된다.

갓 태어난 아이들의 뇌는 무려 2,000개의 뇌 세포로 이루어져 있고 무게도 성인의 30% 가량 밖에 되지 않지만 돌이 되기도 전에 매우 빠르게 발달한다. 하지만 감정을 표출하는 능력은 그렇지 않다. 돌 이전의 아이들은 배가 고파도 "엄마 젖 주세요"라고 말할 수 없고 춥거나 더워도 "몸이 힘들어요"라고 말할 수 없다. '울음'과 '행동' 이 두 언어로 감정을 표출할 뿐이다. 하지만 감정을 다루는 능력은 성숙하지 못해서 힘든 상황을 어떻게 하지 못할 경우에 물건을 집어던지거나 바닥에 뒹구는 과격한 행동을 보이는 경우도 있는데, 대개는 3살 전후에 감정조절능력이 조금씩 발달하면서 이러한 행동들이 차츰 줄어들게 된다. 그런데 문제는 스트레스를 받은 아이가 감정과 느낌을 표출하는 것인데, 이를 '나쁜 성격'으로 규정짓고 '과잉행동'으로 바라보며 심지어 '저평가' 하는 경우도 많다는 것이다.

한번은 친구의 3살배기 아들이 뭔가 짜증이 났는지 거실 바닥을 구르면서 소리 소리를 지르는데 곧바로 잔소리가 들려왔다.

"너는 나중에 뭐가 되려고 그러니? 어린이집에 가기 싫다고 비 오는 날에 진흙탕에서도 데굴데굴 구르기나 하고 말이지. 성격이 도대체 왜 그렇게 까칠한 거야?"

아이들은 스트레스 상황에 취약하다. 그래서 스트레스를 많이 받게 되면 그 감정을 어쩌지 못해 소리 소리를 지르거나 반대로 주변의 말을 듣지도 못하고 멍한 채로 무기력한 모습을 보이기도 한다. 부모의 양육 태도에 따라 감정이 억압되면 더욱 과한 행동들을 보일 수도 있다. 그러나 억압된 감정이 해소

되면 얼마든지 언제 그랬냐는 듯이 안정적인 아이로 자랄 수 있다.

남동생이나 남자 동창들이 어린 시절에는 대단한 말썽쟁이였지만 어른이 되어서는 몰라보게 의젓해진 경우를 떠올려보자. 나쁜 성격으로 규정짓고 고개를 절레절레 흔들었던 부모라면, '내가 우리 아이를 잘 몰랐네' 하는 후회가 밀려온다면 지금부터라도 아이를 바라보는 시선을 바꿔보자. '무엇이 불편할까?' 또는 '어떤 스트레스를 받고 있을까?' 아이의 마음을 천천히 들여다보자. 자기조절력을 길러주기 위한 노력의 시작도 바로 아이의 마음을 들여다보는 순간부터 시작된다. 달콤한 사탕 하나에도 쉽게 마음을 빼앗겨버리는 유약한 아이들. 하지만 어린 시절부터 무한한 성공의 가능성으로 똘똘 뭉친 아이들의 자기조절력을 길러준다면 그 잠재력이 화산처럼 폭발하는 놀라운 경험을 할 수 있을 것이다. 인간관계 좋은 사람으로, 공감할 줄 아는 사람으로, 성급하지 않고 삶을 진지하게 대하는 사람으로 바르게 성장시킬 수 있는 힘이 자기조절력이기 때문이다.

기다릴 줄 아는 아이가
공부도 잘한다

                          전 세계에서 내로라하는 최고의 선수들이 승부를 가르는 대결의 장, 올림픽. 신체 조건도 기량도 실력도 제각각이지만 '최고들이 모인 무대'에 함께 설 수 있었던 세계적인 선수들이 가진 공통점은 무엇일까? 바로 4년 뒤 영광의 순간을 꿈꾸며 자신의 한계를 극복하기 위해 뼈를 깎는 노력을 해왔다는 것이다. 현재의 충동적인 욕구를 자제하고 나중에 누리게 될 더 큰 만족을 생각하며 당장 누릴 수 있는 즐거움과 쾌락을 참아낼 수 있는 인내심, 우리는 이것을 '만족지연능력'이라 부른다. 만족지연능력은 많은 교육학자와 심리학자들이 인간의 성공에 영향을 미치는 중요한 능력으로 꼽고 있는 것인데, 올림픽 선수들뿐 아니라 각계각층에서 성공한 사람들을 보면 대의를 위해 많은 인내와 노력을 쏟아왔음을 알 수 있다. 만족지연능력, 실제로 아이들에게는 어떤 영향을 미치는 것일까?

    많은 이들에게 잘 알려져 있는 마시멜로 실험을 보자. 내용을 요약하면 이렇다. 1960년대, 미국 스탠퍼드대학의 월터 미셸 교수는 4살 아이들을 대상으로 14년간 추적 조사를 실시했는데, 각자의 방에서 마시멜로를 하나씩 나눠주고 이런 조건을 걸었다. "언제든지 먹어도 좋아요. 그런데 내가 나갔다가 돌아올 때까지 안 먹고 기다리면 하나를 더 줄 거예요. 하지만 그때까지 참기 힘들면 먹어도 돼요. 대신 하나를 더 받지는 못해요. 참고 기다리면 2개를 먹을 수 있고, 못 참으면 1개만 먹는 거예요."

여기에서 주목할 것은 14년 후 이들의 미래였는데, 당시 15분을 기다려 2개의 마시멜로를 먹었던 30%의 아이들의 학업 점수가 훨씬 더 높았고 그렇지 못한 아이들보다 인간관계, 좌절에 대처하는 능력도 더 뛰어났다고 한다. 반면 1개의 마시멜로를 먹은 아이 중에서도 지연 시간이 짧았던 아이일수록 문제행동을 보였다고 한다. 이 실험은 어린아이들에게도 나타나는 만족지연능력이 명암이 엇갈리는 미래의 모습을 좌우할 수 있다는 가능성을 보여주었는데 "훌륭한 사람이 되려면 참을 줄도 알아야 하는 기야"라는 말씀을 자주 하시는 어머니, 그리고 옛 어르신들의 지혜에 감탄하게 된다.

마시멜로의 실험에서 보듯, 어려운 문제가 닥쳤을 때 참고 기다렸다가 원하는 것을 얻을 수 있는 경험을 해본 아이만이 '도전의 가치'를 알고 '인내의 기쁨', '성취의 보람'까지 두루 느낄 수 있는 바른 아이로 성장할 수 있다. 하지만 무언가를 경험하기도 전에 부족함 없이 이것저것 갖다 바치는 부모들로 인해 아이들은 '만족을 지연시킬 기회'를 얻을 수조차 없다. '이 순간을 잘 넘기면 더 좋은 결과가 생길 수 있어'라는 깨달음을 느끼지 못한 아이는 눈앞의 이익과 편리함을 추구하는 '충동적'이고 '본능적'인 아이가 될 수 있다. 하지만 만족지연능력을 가지고 스스로의 행동을 조절할 수 있는 능력을 가진 아이는 어떤 힘든 상황이 와도 긍정적으로 돌파해나갈 수 있는 긍정의 힘이 가득하다.

그리고 이러한 힘은 어떤 분야에서도 성공을 이룰 수 있는 강력한 원동력이 된다. 이것을 학습에 잘 적용하면 우등생으로 자랄 수 있고, 운동에 적용시키면 만능 스포츠맨이 될 수도 있다. 외롭고 힘든 연습생 시간을 오래 거친 끝에 화려하게 스포트라이트를 받는 인기 아이돌이나 유명한 배우가 될지도 모를 일이다. 아이들의 미래는 간절히 바라고 또 노력하는 만큼 달라질 수 있다.

이렇게 참고 기다릴 줄 아는 만족지연능력은 공부 잘하는 아이들에게서도 찾아볼 수 있다. 2015년 수능 만점자인 혜원 학생을 만나보니 특히 원하는 목표를 위해 참고 기다린 것이 좋은 결과를 가져온 비결이었다. 폭풍처럼 밀려드는 감정 때문에 기뻤다가 슬펐다가 하는 감정의 큰 기복을 겪는 청소년들은 자기 감정을 잘 조절하는 것이 쉽지 않은 노릇. 혜원 학생은 사교육을 받지 않고 혼자 공부했던 만큼 친구들의 놀자는 유혹에 흔들리거나 시간 관리의 어려움도 컸을 법한데 마음이 흔들릴 때마다 어머니의 조언을 떠올리고 힘을 냈다고 한다.

"어머니는 지나간 것보다는 앞으로 다가올 일이 더 중요하다는 말로 힘을 주셨어요. 시험 성적이 최악일 때도 지금 당장의 결과에 일희일비하지 말라고 하면서 격려를 많이 해주셨어요. 그 덕에 슬럼프에 빠졌을 때도 '지금 내가 할 수 있는 것은 공부밖에 없어'라는 생각을 하면서 빨리 마음을 추스르고 일어날 수 있었던 것 같아요. 또 시험은 어떤 과목이 취약한지 위치를 파악하는 것이 중요하니까 앞으로 어떻게 하느냐가 중요한 거라고 말씀을 해주셨는데 이것도 많은 도움이 됐습니다. 마음은 써도 달라지지 않는 일에는 의연하려고 노력하다 보니 마음 편하게 공부에만 집중할 수 있었던 것 같아요. 그래서인지 수능일에도 담담하더라고요. 시험을 본 뒤에 부모님과 뭘 먹을까 하는 생각을 하면서 즐겁게 시험을 쳤어요. 시험 끝난 뒤에 엄마에게 당당하고 싶다는 생각이 들었어요. 열심히 했으니까요."

'인내는 쓰고 열매는 달다'라는 말이 있다. 각 분야에서 인정받고 큰일 앞에서도 흔들림 없이 자신의 기량을 최대한으로 발휘할 수 있는 무대 체질의 아이로 키우고 싶다면 기다리고 참는 만큼 더 큰 행복을 누릴 수 있는 만족지연능력에 주목하자.

중독에 빠지는 아이들, 시작은 부모로부터!

요즘 엄마들의 고민 가운데 빠지지 않는 것이 게임 중독이다. 이것도 자기조절력 부족으로 생긴다. 요즘 아이들은 학원은 많이 다니지만, 학원을 가는 사이사이에 따로 갈 곳도 놀 거리도 없다 보니 PC방을 전전하거나 필수품처럼 하나씩 들고 다니는 스마트폰에 의지해 쉽게 게임에 빠져들고 만다. 처음엔 학업의 피로를 해소하는 출구 정도로 생각하고 가볍게 하다가 오히려 그 출구에 갇혀 빠져나오지 못하게 되는 것이 바로 게임 중독의 위험성이다. 초등학교 3학년 아들을 둔 한 엄마는 스트레스 풀 곳이 없는 아이가 안쓰러워 '딱 10분만' 하고 허용했던 게 이제는 거의 중독 수준이 되었다며 후회했다.

"공부하는 게 너무 힘드니까 자기도 스트레스 좀 풀고 싶다는 거예요. 그래야 공부도 잘 되지 않겠느냐고요. 어디 데려가서 같이 놀아주기도 힘들고 귀찮기도 해서 스마트폰을 쥐어줬는데, 처음엔 스트레스도 풀리는 것 같고 오히려 기분 전환이 되니 공부도 잘되는 것 같다고 하더라고요. 그 말을 들으니 가끔은 시켜줘도 괜찮을 것 같더라고요. 그런데, 아예 처음부터 발을 들이지 말았어야 했어요. 지금은 게임을 그만하라고 하면 오히려 자기가 더 화를 내는 거예요. 그러니까 저도 계속 잔소리를 할 수밖에 없고 매일 대치 상태인거죠. 놀러 가자 놀러 가자 노래를 부르더니 이제는 제가 가자고 해도 꿈쩍도 안 하네요. 거의 중독인거죠."

드라마를 보면 주인공들의 잘못된 만남이 반전의 재미를 주며 해피엔딩으로 끝나는 경우가 많지만 불행하게도 현실에선 그렇지 않다. 게임, 스마트폰, TV, 자극적인 영상물들에 이르기까지 이러한 나쁜 만남의 끝엔 성적 하락, 부모와의 갈등, 무기력증 등이 있다. 그런데 게임에 깊이 빠진 아들 때문에 고민이 많았던 엄마의 말처럼 아이들의 나쁜 중독의 시작은 부모로부터 시작된다. '공부를 열심히 한다니까', '당장 나를 귀찮게 하지 않으니까', '이곳저곳 좋은 곳에 데리고 다닐 시간도 없고 귀찮아서' 등의 이유로 만나지 말았어야 할 인연을 도리어 부모가 이어주고 만 꼴이다. 모든 것은 적당하기만 하다면 걱정할 일이 아니다. 하지만 일관되지 않는 부모의 양육 태도와 기준 없는 규칙이 문제다. 이로 인해 아이들도 중독의 고리를 끊기 힘든 악순환 속으로 빠져드는 경우도 다반사다.

처음부터 '10분만 보고 그만하기'라는 규칙을 세웠으면 반드시 지키게 해야 한다. '오늘은 피곤해 하니까', '이번엔 시험을 잘 봤으니까'라는 갖가지 이유로 부모와 자녀가 만들어 놓은 규칙의 틀을 깨기 시작하면 어디에 장단을 맞춰야 하는 건지 아이의 혼란만 키우게 된다. 그리곤 약속은 꼭 지키는 것이라고 생각했던 아이도 잦은 예외 상황을 스스로도 인정해버리게 된다. '힘들어도 엄마와 한 약속은 꼭 지킬 거야' 하고 결심했던 자기조절의 끈은 이렇게 툭 끊어지고 마는 것이다.

초등학교 저학년만 해도 현실 판단능력과 자기조절능력은 아직 영글어가고 있는 중이다. 학업과 꿈을 향한 인생의 방향성을 서서히 잡아가야 할 고학년이 되어도 여전히 자기조절의 부재로 인한 중독 문제는 심각한 상황이다. 초 · 중 · 고교생 중독 통계 조사에 따르면 초등학교 4학년의 스마트폰 중독 위험군이 2013년 1만 372명에서 2014년 1만 3,183명으로 늘어났다고 한다. 또 중독 위험군으로 분류된 아이들은 금단현상이 발생할 정도로 상태가 심각했는데 수면 부족이나 불규칙적인 식사, 학업 지장 등 일상생활에 장애를 보이는 경우도 있었다고 한다.

스마트폰 중독에 빠진 어린이의 뇌를 정상적인 유아의 뇌 활동과 비교해본 결과 전두엽의 활동이 떨어졌다는 연구 결과도 있다. 전두엽의 활동이 더뎌지면 아이는 생각하려 하지 않고 생각나는 대로 행동하는 충동적인 아이가 되기 쉽다. 또 쉽게 흥분해 자제력을 쉽게 잃기도 하며 주의력결핍장애까지 나타나기도 한다. 우리 아이가 이미 중독에 가까운 모습을 보인다고 해도 포기하지 말자. '늦었다고 생각할 때가 가장 빠른 때'라는 말처럼 부모가 그 악순환의 고리를 끊어주어야 한다. 지금부터라도 '약속 노트'를 만들어서 서로에 대한 약속이 얼마나 잘 지켜졌는지 체크해보는 것도 좋다. 자신의 목표와 달성 정도를 눈으로 확인하기 쉬운 물건 가운데 하나는 달력이다. 여기에 기간을 정해서 표시해놓고 목표한 기간까지 스마트폰이나 게임을 하지 않겠다는 결심을 지킬 수 있게 하고, 그에 대한 보상으로 칭찬과 사랑 그리고 때론 여행이나 체험활동처럼 아이가 원하는 즐거운 경험을 하게 해주는 것도 좋다.

'공든 탑이 무너지랴'라는 속담이 있다. 그러나 적당한 규칙과 기준이 없이 허용한다면 아이들의 무법질주는 공든 탑도 무너지게 할 수 있다. 하지만 어린 시절부터 자기조절력을 기를 수 있게 도와준다면 상황은 달라질 수 있다. 중독에 빠지는 아이들. 그 출발은 부모로부터 시작된다는 점을 기억하자.

공감능력이 발달하면
엄친아가 될 수 있다

왕따, 학교폭력, 청소년 자살과 같은 우울한 이야기들이 언론을 통해 자주 들린다. 뉴스를 접할 때마다 '혹시 우리 아이도?'라는 생각에 불안하다는 부모들이 많다. 이런 문제를 겪은 아이들은 겉보기에 아무런 문제가 없는 것 같아도 그만큼 극심한 고통에 시달리고 있었던 것인데, 부모에게조차 어려움을 털어놓지 못한 채 혼자 아픔을 삭인 경우가 많다. 결국 '자신만의 지옥'에서 괴로워하고 있는 아이들에게 손을 내밀어주었던 부모가 없었던 것이다. 이는 부모와 자녀가 제대로 소통하지 못해서 벌어지는 일들이다. 소통하지 않으니 무엇이 힘든지 알 수 없고 손을 내밀어줄 수도 없다. 서로 마음을 나누는 시간이 줄어들수록 마음의 문도 더 굳게 닫히기만 한다. 그러니 타인의 고통과 괴로움, 기쁨과 같은 여러 감정에 반응하는 공감능력도 퇴화될 수밖에 없다. 점점 스스로를 통제하고 조절하며 타인과 어우러지려는 노력에도 힘쓰지 않게 된다. 타인과 더불어 살아가는 사회에서 공감능력은 사람들과의 좋은 관계를 유지하는 경쟁력이자 열쇠이다. 마음에 굳은살이 박인 아이들이라 할지라도 마음을 열고 대화하는 부모가 있다면 공감능력을 키울 수 있다.

2016년 여성가족부가 전국 5개 광역도시의 부모와 초등학교 고학년 1,600여 명을 대상으로 어떤 부모가 좋은 부모라고 생각하느냐는 설문을 실시했는데, 부모 46%와 자녀 24%가 '말을 잘 들어주고 대화를 많이 하는 부모'를 가장 좋은 부모로 꼽았다. 결국 부모와 아이들 모두가 원하는 이상적인 부모는 서로의 말에 귀 기울여주는 소통형, 공감형 부모였음을 알 수 있다. 최근 한국직업능력개발원의 연구에 따르면 고등학교 때 부모와 진로에 관해 이야기를 자주 나눈 학생일수록 진학한 대학 학과와 직장에 만족한다고 한다. 그만큼 부모와 자녀의 대화가 중요하지만 정작 우리는 그 대화에 너무나도 목마른 시대를 살고 있다.

초등학교 3학년만 되어도 또래관계가 중요해지면서 아이들은 부모의 말을 귓등으로 흘려버리고, 부모도 바쁘다는 핑계를 대며 아이들과 대화하거나 함께 보내는 시간을 늘리려 하지 않는다. 하지만 어린 시절부터 부모와 자녀 간의 공감을 위한 시간들을 적금처럼 차곡차곡 쌓아온 가족과 그렇지 않은 가족과의 차이는 매우 크다. 함께 시간을 많이 보내고 대화를 자주 나눈 가족들은 질풍노도의 시기를 보내는 자녀의 사춘기를 물 흐르듯 자연스럽게 보낼 수 있지만 '공감 적금'이 부족한 가족은 뻥 뚫린 마음의 공간을 채우기도, 한번 벌어진 거리를 도무지 좁히기도 힘들다. 힘겨루기만 하다 갈등만 커지게 되는 것이다. 이럴 때는 자녀에게 화를 내거나 훈계를 하기보다 부모 스스로 먼저 자녀에게 얼마나 관심을 가지고 대화를 나누면서 친밀한 관계를 만들려 노력했는지 반성해볼 필요가 있다.

번아웃 증후군(burnout syndrome)이라는 것이 있다. 의욕적으로 무언가에 몰두하던 사람이 갑자기 극도의 신체적·정신적 피로감을 호소하며 무기력해지는 것을 말한다. 심할 경우에는 자신을 혐오하거나 갑작스럽게 슬픔이 몰려오기도 한다. 열심히 생활하던 직장인들이 갑자기 업무가 지겹고 힘들게 느껴지면서 일하기를 거부하게 될 정도로 몸과 마음의 힘을 소진한 상태가 되는 것이다. 착실했던 수험생도 갑자기 공부가 손에 잡히지 않는다면서 우울감을 호소하다가 공부에서 아예 손을 놓거나 전교 1등이었던 아이가 갑작스레 자살이라는 극단적인 선택을 하기도 할 만큼 위험한 증상이다. 너무 많은 에너지를 써버려 꿈을 향해 달렸던 희망이라는 연료가 다 소진되어버리고 만 것이다.

여행을 할 때도 이곳저곳 너무 많은 곳을 빠르게 다니면 많은 것들을 봤어도 가슴속에 남는 것이 많지 않다. 천천히 주변 풍경을 관망하며 즐길 때 더 큰 즐거움을 느낄 수 있다. 우리의 삶도 가끔은 쉬어가는 여유가 필요하다. 그래야 더 멀리 갈 수 있다. "우리 딸 힘들지?", "우리 아들 고생 많았어" 부모의 따뜻한 말 한 마디가 몸도 마음도 지칠 대로 지친 아이들에게 비타민과 같은 활력을 불어 넣어줄 수 있다는 것을 기억하자.

주변에서 소위 말하는 '엄친아'들은 공부도 사회생활도 잘하면서 성격까지 좋은 아이들을 일컫는다. 이런 아이들을 보면 어떻게 저런 유전자를 타고 났나 싶겠지만, 대개 공감능력이 높다는 공통점이 있다. 미국 UCLA 교수이자 세계적인 로봇 공학자인 데니스 홍도 그랬다. 그를 처음 만났을 때 너무나도 유쾌한 성격에 한 번 놀라고, 꿈을 이루기 위한 열정과 에너지에 또 한 번 놀랐다. 만나자마자 떠나갈 듯하면서도 경쾌한 목소리로 "안녕하세요. 데니스 홍입니다"라며 이곳저곳 고개를 숙이면서 인사를 건네고는 "저희 사진 한판 찍을까요"라면서 친근하게 말을 걸었다. 그리곤 개그맨 못지않은 코믹한 표정을 지으며 사진을 찍고는 "SNS에 올릴 사진인데 함께 찍어주셔서 감사합니다"라며 친근하게 인사를 건넸다. 또 "어제 중요한 프로젝트가 있어서 밤을 새고 왔는데 하나도 피곤하지가 않네요"라고 말하는 그의 힘찬 목소리를 들으니 40대 중반임에도 불구하고 아직도 자신의 목표를 이루기 위해 얼마나 청년 못지않은 열정을 뿜어내고 있는지 느낄 수 있었다. 그리고 왜 많은 부모들이 자녀들의 롤모델로 데니스 홍을 꼽고 있는지 절로 고개가 끄덕여졌다.

데니스 홍 교수에게 세계적인 로봇 공학자로 성공할 수 있었던 비결을 물으니 '창의성'을 꼽았다. 그리고 부모님의 남다른 교육관 덕이 컸다는 말도 덧붙였다.

"어릴 때 호기심이 무척 많았어요. 집에 있는 가전제품이 어떻게 작동되는지 너무 궁금해서 다 뜯어서 고장을 낸 적도 있고 실험을 하다가 화약이 터져 폭발한 적도 있습니다. 그런데 부모님은 한 번도 혼내신 적이 없어요. 그때 많이 혼났다면 주눅이 들어서 지금의 저는 없었을 거예요. 또 부모님이 과학계에 종사하셔서 식사를 하면서도 과학과 관련된 대화를 많이 나눴던 것이 어린 시절부터 과학에 대한 지식을 쌓는 데 많은 도움이 됐습니다. 서로 많이 대화를 나누고, 아무리 바빠도 주말이면 함께 시간을 보내주신 부모님이 지금 생각해도 너무 감사하죠. 그래서 저도 평소에는 4시간 정도 자면서 일에 열중하고 밤을 새는 일도 많지만 아무리 바빠도 아들과 최대한 시간을 많이 보내려고 노력합니다. 부모와 자식 간에 가장 중요한 것은 많이 대화하면서 서로의 마음을 표현하는 것이라고 생각하니까요. 노력해야죠."

데니스 홍의 부모님은 분해 작업도 일종의 놀이라고 생각하고 인정해주었고 아예 화학 실험을 할 수 있게 약품과 도구를 사주면서 든든한 지원자가 되어주었다고 했다. 또 눈에 띄었던 교육관은 어린 시절에 누구보다 열심히, 그리고 많이 뛰어놀게 해주었다는 것이다. 하지만 반드시 지켜야 할 원칙은 세워놓았다고 했다.

"저는 항상 땀으로 옷이 흠뻑 젖을 정도로 열심히 뛰어놀았어요. 그런데 부모님이 실컷 놀아도 한 가지는 지키도록 했습니다. 과학자가 되려면 수학과 과학은 꼭 해야 한다고요. 초등학교 시절에 처음부터 공부를 잘했던 것은 아니었는데 지금 생각하면 그 말씀이 과학자가 되는 데 많은 도움이 됐던 것 같습니다."

부모님과 자주 대화하며 친밀한 관계를 쌓아간다면, 놀 것은 놀면서도 부모와의 신뢰를 깨지 않기 위해 최소한의 약속은 지키려 하고 더 많은 신뢰를 쌓기 위해 더 즐겁게 노력하는 것이 아이들이다. 사회에서도 마찬가지다. 공감능력은 여러 도전 과제들을 즐겁게 수행함으로써 타인을 만족시키고 더불어 자기만족도 키울 수 있게 한다. 즉, 좋은 사람으로 성장하게 하는 긍정의 에너지다.

〈퍼펙트 베이비〉라는 다큐멘터리에서 아이들에게 공감능력이 왜 중요한지를 보여준 적이 있다. 캐나다 토론토에서는 초등학교 수업 시간에 돌이 지나지 않은 아기를 초대해 학생들이 아기의 기분을 맞혀보는 시간을 가진다고 한다. 타인의 기분을 생각해봄으로써 공감능력을 향상시키기 위해서다. 여기서 놀라운 점을 발견할 수 있었다. 이 수업을 받은 학생들은 그렇지 않은 아이들보다 학업능력이 높게 나타났고, 공격성은 많이 감소했다는 것이다. 이 방송을 제작한 김민태 PD는 한 인터뷰를 통해 공감능력이 발달한 아이의 특징에 대해 이렇게 말했다.

"공감능력이 높아진 아이는 스스로 자신의 감정을 조절할 수 있게 되면서 학습에 집중할 수 있는 침착한 심리상태가 됩니다. 즉, 인지능력과 도덕성, 감정은 함께 발달한다는 거죠."

공감능력이 발달한 아이는 스스로의 감정을 조절하면서 집중력도 도덕성도 키울 수 있다는 것이다. 그렇다면 자녀의 공감능력을 발달시켜주기 위한 대화는 어떻게 하는 것이 좋을까? 대화는 말로 하기도 하지만 몸과 마음으로 하는 대화도 있다. 갓 태어난 아기를 목욕시키면서 몸을 조물조물 만져주는 것, 막 잠에서 깬 아이를 꼭 안아주는 것과 같은 몸의 대화인 스킨십과 애정 어린 눈 맞춤도 사랑을 표현하는 데 도움이 된다.

좀 더 크면 아이와 함께 대화 나누고 적극적으로 경청하는 자세가 중요하다. 유아기는 인생에서 가장 중요한 뼈대를 이루는 시기인 만큼 이 시기에 자신의 감정을 충분히 공감해주고 사랑을 표현해주는 부모가 있다면 안정감과 행복감을 느끼면서 성품 좋고 감수성도 풍부한 아이로 자랄 수 있다. 친구와 다투어 속상하다는 아이의 말을 듣고 나서는 "많이 슬펐겠구나"라고 공감해주자. 아이가 실수를 해서 기가 죽어 있으면 "많이 속상했겠구나"라고 마음을 다독여주자. "~구나"라는 말은 아이의 연약한 마음을 다독여주는 부모의 사랑의 언어다. 귀를 활짝 열고 경청하며 마음의 대화를 통해 자신의 마음을 공감해주는 부모를 보며 아이는 있는 그대로의 자신의 모습을 사랑할 수 있고 더욱더 자신의 모습을 긍정적으로 바꿔나가려 노력할 것이다.

청소년이 된 자녀에게는 마음으로 하는 대화와 행동으로 표현하는 대화가 모두 필요하다. "그만 TV 끄고 공부해"라고 하면서 정작 부모는 TV 볼륨을 줄이려는 노력도 하지 않는다면 부모의 말과 행동에 신뢰를 느낄 수 있을까? 부모와 자녀가 더 많이 공감하고 이해하려면 '우리는 늘 함께 하는 가족'이라는 동행의식을 가지는 것도 중요하다. 예를 들어, 밤늦게까지 공부하는 아이를 기다리면서 TV를 끄고 독서를 하며 자기계발을 하는 모습을 보여주는 부모를 보면 자녀도 '아버지도 저렇게 열심이신데 나도 열심히 공부해야지'라며 힘든 마음을 다잡을 수 있을 것이다. 마음으로, 그리고 행동으로 보여주는 대화와 공감은 아이의 조절력을 키워주고 긍정적인 방향으로 행동을 변화시키는 강력한 힘을 지니고 있다. 우리 아이들의 가능성은 부모가 공감해줄 때 상상 그 이상의 위력을 발휘할 수 있다.

3장

부모의 습관이 아이의 잠재력을 두 배로 키운다

① 글로벌 인재로 키우는 부모의 습관

**개성과 다양성을
존중한다**

"우리 아이, 글로벌 인재로 꼭 키우고 싶어요."
많은 부모들이 희망하는 것 중에 빠지지 않는 이야기다. 그런데 대부분 '글로벌 인재가 무엇인지', '왜 글로벌 인재로 키워야 하는지'에 대한 진지한 고민보다 해외 명문대 출신의 화려한 스펙을 가진 아이로 키우고 싶다는 마음으로 유학을 염두에 두는 경우가 많다. 하지만 아이 스스로가 아닌, 부모의 전략에 휘둘려 뚜렷한 목표나 진로에 대한 확신 없이 '떠밀려 외국행'을 한 아이들 가운데 열에 아홉은 좋은 결실을 맺지 못하고 돌아온다. 한 진로 전문가는 너도 나도 글로벌 인재를 만들겠다며 유행처럼 번지는 해외 열풍을 우려했다.

"인기 직종인 의대를 예를 들어봐도, 워낙 의대 수가 많지다 보니 예전처럼 돈 벌기가 쉽지 않아요. 그래서 넓은 의료시장을 가진 외국에서 의사를 시키는 게 낫다고 생각하는 부모들도 많아요. 러시아 의대, 일본 치대, 헝가리 의대에까지도 관심을 가지고 유학 준비를 시키는 경우도 있습니다. 하지만 아무리 계획이 그럴듯해도 현지에서 어떻게 공부하고 생활할 것인지, 어떻게 적응할 것인지, 심지어 음식이 입에 맞을지 하나부터 열까지 정작 외국에서 맨 몸으로 부딪히고 시행착오를 겪어야 하는 것은 아이들입니다."

유학을 다녀왔다고 해도 한국의 학교에 돌아온 아이들은 또다시 적응 문제로 2차적인 어려움에 빠지는 경우가 빈번하다. 한 엄마는 잘못된 조기 유학으로 아이가 한국에 돌아온 뒤에도 힘든 시간을 보냈다면서 한숨을 내쉬었다.

"선생님과 친구처럼 지내는 학교 분위기에 너무 익숙해져서 그런지, 한국에 와서도 선생님 무서운지도 모르고 너무 제멋대로에요. 그리고 어릴 적 친구들을 외국에서 사귀다 보니 막상 여기에서는 마음을 터놓을 친구가 없어서 고민거리가 있어도 쌓아놓는 것 같더라고요. 정말 혹독한 사춘기를 보냈어요."

'글로벌'이라는 그 어느 곳보다 치열한 경쟁의 장 속에서 잘 적응하고 발전해나갈 수 있으려면 아이 스스로 새로운 환경을 즐길 수 있는 모험심과 자신의 가능성을 한계 짓지 않고 발전시켜나갈 수 있는 도전정신이 필요하다. 다양한 문화를 접하고 받아들이면서 체험과 사고의 폭을 넓히겠다는 의지, 스스로의 인생을 개척해나가기 위한 적극성도 중요하다. 잘못된 유학으로 인한 시행착오를 겪지 않으려면 진로 설정 이전에 아이의 성향과 관심을 면밀히 파악해야 한다.

부모들은 이런 점들도 궁금해한다. "그럼, 유학 잘 했다는 말을 들으려면 어떤 나라로 가야 성공확률이 높을까요?", "몇 살 때 보내야 할까요?" 하지만 **부모가 세상을 먼저 공부하지 않으면, 아무것도 소용없다**. 하루가 다르게 변화하는 시대에서 어떤 인재들이 세계적인 경쟁력을 가진 인물로 성장할 수 있는지 관심을 기울이고, 세계는 어떤 인재를 원하고 키우고 있는지 선진 교육 트렌드에도 관심을 기울여야 한다. 그리고 **이 과정에서 무엇보다 중요한 것은 아이의 개성과 다양성을 존중해주는 태도다**.

세계 곳곳에서 교육을 받으러 가는 미국을 예로 들어보면, 세계적인 명문대 하버드에서는 아무리 SAT에서 만점을 받았다 해도 입시에 탈락할 수 있다. 대학의 고유한 선발 방식을 통해 그 학생이 어떤 학생인지 종합적으로 평가하기 때문이다. 다른 대학들도 성적 줄 세우기 식의 평가를 적용하는 것이 아니라 명확한 진로를 가지고 그에 맞는 창의력과 의사소통능력, 협업능력, 비판적 사고력과 같은 다양한 역량이 있는 미래 인재를 선발하고 있다. 이런 시스템 아래에서 미국의 초·중·고에서는 미래 인재로 성장할 수 있는 역량을 키워주기 위해 학생 개개인의 재능을 키워가는 방식으로 교육하고 있다. '100명의 학생에게 100가지의 교육법이 있다'는 전제를 가지고 학생들의 개성과 다양성을 존중하는 교육을 하는 것이다.

세계적인 교육 강국 핀란드는 성적표는 있지만 등수는 표기하지 않는다. 대신, 학생의 강점이나 좀 더 계발시켜야 할 부분을 알려주고 자신이 세운 목표에 도달했는지를 표시한다. 아이들이 스스로 '나는 이 정도인 아이'라는 생각으로 성적의 틀에 갇혀 자신을 규정짓지 않도록 하기 위함이다. 이는 스스로 세운 목표에 맞춰 노력의 과정을 되돌아볼 수 있는 기회를 제공한다. 또 자연 속에서 아이의 생각을 무한하게 성장시킬 수 있는 환경도 선물한다. 핀란드 아이들은 두 달이 넘는 여름방학 동안 가족과 함께 호숫가나 숲에 지은 작은 통나무집에서 함께 지내는데, 신선한 공기를 마음껏 마시고 뛰어놀며 대자연을 체험하면서 경험의 폭을 넓히고 자연의 소중함을 느끼며 틀에 박히지 않은 창의적인 생각들을 할 수 있게 한다. 비싼 학원에 어린 시절을 저당 잡히고 치열하게 경쟁하지 않더라도 국제학업성취도평가 1위에 오른 핀란드의 교육 방식을 보면, 세계적인 학업성취도를 자랑하는 아이들을 길러내는 교육 강국의 위엄이 느껴진다.

자기성찰에
인색하지 않은 부모

자녀를 글로벌 인재로 키우고 싶은 부모들은 또 어떤 역량을 키워주는 데 주목해야 할까? 국내 1호 청소년 코칭 전문가이자 진로 전문가로 엄코치연구소를 운영하고 있는 엄명종 소장의 이야기를 들어보자. 엄 소장은 한 글을 통해 전 세계 인재 개발 전문가들이 모여 진행한 포럼에서 캘리포니아 주립대의 브라이언 뉴베리 교수가 밝힌 '미래 인재 조건'

의 내용을 소개했다. 그에 따르면 글로벌 인재의 조건 세 가지는 다음과 같다.

첫째. 자기성찰 지수가 높은 사람
둘째. 윤리의식이 있는 사람
셋째. 소통과 협력을 하는 사람

엄명종 소장은 자기성찰 지수가 높다는 것은 '삶 속에서 반성적 사고를 통해 자기 이해가 높다'는 것이라고 말하면서, 자녀를 혼냈을 때 자녀가 오히려 부모에게 반항을 하거나 모든 문제의 원인을 타인으로 돌린다면 그 아이는 자기성찰 지수가 매우 낮은 것이라고 했다. 그리고 그 과정에서 곰곰이 생각을 하거나 반성적인 태도를 갖는다면 자기성찰 지수가 매우 높은 것이라고 했다. 자기성찰 지수가 높은 아이들은 다툼이나 갈등이 생겼을 경우에도 자신의 감정과 욕구를 이해하기 때문에 건강한 방법으로 문제를 해결해나가는 경우가 많다고 한다. 따라서 평소에 반성적 사고력을 길러줌으로써 자기이해력을 높일 수 있게 하는 것이 중요하다고 조언했다.

그리고 최근에는 지식과 스펙만을 중요시하던 분위기에서

벗어나 올바른 윤리의식을 가진 인재에 많은 이들이 주목하고 있다. 글로벌 기업들의 예만 보더라도, 제품 판매에만 급급해 소비자를 속이거나 기만함으로써 '윤리의식이 부족한 기업'으로 낙인찍히게 되면 소비자의 신뢰가 한순간에 추락해 기업 경영의 위기로 이어지는 경우가 많다. 또한, 나라를 대표하는 인재들의 행동과 도덕성 하나하나는 그 나라의 얼굴이자 품격을 대변하기 때문에 나날이 강조되고 있다.

그런가 하면 글로벌 인재의 조건 세 번째 요소로 '소통과 협력'을 강조했는데 엄명종 소장은 소통을 잘하는 사람들은 자신의 내면을 살펴보고 자기 공감을 함으로써 상대방의 욕구를 읽는 능력이 발달한 사람들이라고 했다. 다른 사람들의 이야기를 잘 경청하고 공감하는 사람들이 '너도 좋고 나도 좋은 것'을 찾아 시너지를 낼 수 있다는 것이다. 최근에는 학교와 기업 등에서 다양한 나라의 사람들과 만나 함께 공부하고 연구하고 프로젝트를 진행하는 기회들이 많아지고 있다. 다른 환경에서 각자 다른 사고방식과 생활습관을 가진 사람들이 만나 좋은 결과를 이뤄내려면 학교에서나 기업에서나 결국 공감을 바탕으로 소통함으로써 협력을 이끌어낼 수 있는 능력이 또 하나의 경쟁력이 될 수밖에 없다.

하지만 이러한 역량들은 기초 체력과 같아서 어느 날 갑자기 키워줄 수 있는 것이 아니다. 아이가 말을 하고 부모의 말을 이해하기 시작하면 서로의 마음을 읽을 수 있게 되는데, 그 어린 시절부터 부모는 아이의 말을 끝까지 듣고 공감하는 자세를 갖추어야 한다. 상대의 말에 귀 기울이고 공감하는 순간, 도덕성은 절로 키워진다. 무엇을 잘못했고 개선해야 하는지 자기성찰 지수가 높아지는 것은 물론이다. 또 부모가 잘못한 일이 있다면 반성하고 인정하는 모습을 보여주자. "엄마가 실수했네". "엄마도 이런 건 고치도록 노력할거야"라고 자신이 고칠 점을 인정하고 바꿔나가기 위해 노력하는, 자기성찰에 인색하지 않은 부모의 모습을 보여주면 아이들은 절로 배운다.

실패의 경험을
소중하게 여긴다

실패의 경험을 소중하게 여기는 것도 중요하다. 나는 방송작가로 일하는 동안 유독 유명인들의 성공 스토리를 소개하는 프로그램을 많이 진행해왔다. 미국과 독일, 프랑스, 이스라엘, 중국과 일본에 이르기까지 세계 곳곳의 명사와 세계적인 기업인들, 세계적인 역량을 인정받고 있는 우리나라의 문화예술계 인사들과 스포츠 스타, 한류 스타들까지 각계각층의 사람들을 만날 수 있는 기회를 가졌다. 그렇게 10년 이상을 일하다 보니 1,000명이 넘는 글로벌 인재와 리더들을 만나고 그들의 성공 전략을 들을 수 있었다.

한 분야에서 최고의 자리에 오른 사람들을 보면 대개 이런 공통점들이 있었다. 먼저, 표정과 몸짓에서 자신감이 넘쳤고, 일에 대한 애정과 자부심이 남달랐고, 상대의 말의 경청하고 배려하는 모습들이 인상적이었다. 그리고 별은 어둠 속에서 더욱 반짝반짝 빛나듯이 각자의 이야기는 다르지만 고난과 역경을 이겨낸 치열한 노력의 과정들이 있었다.

3살 때 온몸에 입은 화상으로 12번의 수술을 이겨내고 미용계의 한류를 이끌고 있는 준오헤어의 강윤선 대표, 가난한 어부의 아들로 태어나 가정폭력에 시달리다 권투선수를 거쳐 '동양의 파바로티'로 불리게 된 성악가 조용갑, 혹독한 가난을 이겨내기 위해 18살에 동대문에서 새벽 4시부터 치열하게 옷장사를 시작해 패션 한류를 이끄는 종합패션그룹 형지의 회장이 된 최병오 회장까지 수많은 이 시대 리더들의 인생 이야기와 역경 극복 스토리를 들을 수 있었는데, 그들이 세상을 향해 들려주었던 조언들은 이런 내용이었다.

"고통이 없으면, 결코 성공도 없습니다. 누군가는 실패할 것이라고 했고, 어떤 이는 무모한 도전이라고도 했지만 그런 불안감 속에서도 내가 잘할 수 있는 일, 가슴 뛰는 일을 하고 싶다는 열정은 실패를 두려워하지 않는 강인한 가슴을 갖게 했습니다. 힘든 도전 속에서 이뤄낸 성공은 무엇과도 비교할 수 없는 짜릿한 기쁨을 안겨다 주었습니다. 그리고 여러 실패의 경험들은 어떤 시련과 고통이 다가와도 맞설 수 있는 힘이 되어주었습니다. 현실에 안주하지 말고 가슴 뛰는 일에 도전하세요. 역경을 이겨내는 만큼 성공은 한 걸음 더 가까워집니다."

생의 목적을 알게 한다

글로벌 인재 가운데서도 '슈퍼 인재'라 불리는 이들이 있다. 세계가 인정하는 리더들일 것이다. 이들에게서는 글로벌 인재로서의 자질과 더불어 특별한 하나의 특징을 찾을 수 있다. 미국 정부에서 최장수 재임 기록을 세운 보건복지부 차관보, 법무부 법률 고문, 예일대학교 교수 등 6남매를 세계가 인정하는 글로벌 엘리트로 키워낸 세계적인 사회학자 전혜성 박사는 "생의 목적을 아는 아이가 큰사람이 됩니다"라고 했다. 그러나 '생의 목적을 아는 것'은 참으로 어려운 일이다. 전혜성 박사는 한 인터뷰에서 "어떤 아이는 초등학교에 입학하기도 전에 생의 목적을 알기도 하지만, 어떤 이는 대학을 졸업할 때까지 뭘 해야 할지 모르기도 합니다"라고 하면서 부모의 기대와 자신의 꿈에 대한 확신과 그 꿈을 이루려는 자세와 노력이 만나 그 답을 찾고 실행할 수 있음을 강조했다.

"생의 목적은 아무 바탕이 없는 상태에서 자기 혼자 찾는 것이 아니며 남이 자신에게 기대하는 것과 자기 스스로 알아가는 것이 더해져서 만들어지는 것입니다"라면서 이런 일화를 들려주었다.

"처음 미국에 갈 때 아버지가 미국에서 무엇을 할지 계획서를 쓰라고 하셨는데 공부해서 한국에 도움이 되는 일을 하겠다고 썼어요. 그런데 일생 동안 내가 이렇게 하면 아버지와 약속한 것을 지키는 건가 하고 돌아보게 되더라고요."

인생의 목적을 찾는 것은 다른 말로 하면 '꿈'이다. 꿈을 이루기 위한 노력으로 그녀가 다짐했던 것처럼 세계적인 사회학자로서 부모들을 위한 좋은 강연과 교육에 앞장서고 있고, 함께 성장하며 자녀들도 각자의 영역에서 최고의 기량을 펼치고 있는 글로벌 인재로 키울 수 있었다.

그렇다면 생의 목적을 아는 아이는 무엇에 주목할까? 나는 아시아인 최초로 세계은행 총재에 오른 우리나라의 대표적인 글로벌 리더 김용 총재가 각종 매스컴에서 밝혔던 말이 떠올랐다.

"나는 한 번도 내가 어떤 자리에 오르거나 어떤 사람이 될 것인가에 관심을 두지 않았습니다. 늘 내가 무엇을 해야 하는가에 관심을 두었습니다."

그렇다. 생의 목적을 찾기 위해서는 '어떤 일을 하고 싶은지' 마음의 소리를 들어야 한다. 하고 싶은 일을 따라가다 보면 인생의 의미도 성공도 행복도 절로 따라온다. 넓은 세계, 낯선 세상에서 새로운 도전을 이어나가야 한다면 꿈의 주체인 아이들이 원하는 길이어야만 한다. 그러나 많은 부모들이 '우리 아이는 어떤 사람이 될 것인가'에 집중해 화려한 직업과 경제력을 떠올리며 '글로벌 인재'로 키우려 한다. 김용 총재는 '무엇을 할 것인지' 마음의 소리를 따라가다가 불가능해 보였던 도전들을 성공적으로 이뤄냈고 결국 글로벌 리더의 자리에까지 오르게 됐던 것이다.

그의 아버지는 치과의사였는데, 미국에서 아시아인으로 살아가기 위해서는 실용적인 기술이 필요하다는 것을 체득했기 때문에 먼저 기술을 익혀야 한다고 강조했다고 한다. 반면 어머니는 "1등이 되는 것보다 위대한 일에 새롭게 도전해라. 어떻게 하면 세상에 네가 기여할 수 있는지 생각하렴"이라는 말을 입버릇처럼 당부했다고 한다. 그리고는 책상에만 앉아 있는 공부벌레이기보다 여행이나 아르바이트, 인턴 등의 경험을 통해 다양한 세상을 경험하고 신문과 책을 수시로 탐독하며 그 속에서 세상에 관심을 갖고 세상을 바꾸기 위해 많은 노력을 기울이는 인물로 성장하길 바랐다고 한다. 이런 노력 때문이었을까. 의사 출신으로 세계은행 총재에 오른 김용 총재는 아버지의 바람처럼 의사가 됐지만 생계를 위한 기술, 그리고 1등이 되기 위한 목표에만 집중하지 않았다. 늘 세상을 변화시키고 사람의 성격과 행동을 바꾸는 의미 있는 일을 하고 싶다는 꿈을 꾼 것에서부터 아름다운 변화는 이미 시작됐던 것이다.

'어떤 사람이 될지'보다 '무엇을 할지'를 고민하라는 그의 조언에는 '목표를 세우면 실행하라'는 당부가 포함돼 있기도 하다. 김용 총재는 글로벌 리더를 꿈꾸는 청소년들에게 성공의 비법을 들려주면서 이런 말을 했다. "'어렵다', '힘들다', '안 된다'라고 말하는 목표가 없는 사람들에게 설득되지 마세요. 우리는 불가능과 싸워야 합니다." 모두가 불가능하다고 했지만 그는 불굴의 의지와 집념, 그리고 실행력으로 놀라운 일들을 이뤄냈다. 가난과 싸우고 있는 아이티의 환자들을 무료로 치료하며 결핵과 같은 질병으로부터 수많은 사람들의 목숨을 구하는 것으로 인류를 위해 헌신했고 아프리카에서 에이즈 퇴치 운동을 벌이기도 하며 글로벌 리더로 우뚝 설 수 있었다. '무엇이 될 것인가'보다 '무엇을 할 것인가'에 초점을 두고 달려왔고 그것이 생의 목적이 되었기에 그 실행력은 위대한 결과로 이어졌던 것이다.

자녀를 진정한 글로벌 인재로 키우고 싶다면 '무엇을 하고 싶은지'를 함께 대화 나눠 보고 '생의 목적이 무엇인지' 그 해답을 찾도록 도와주자. 그 해답을 찾고 실행하다 보면 어느 샌가 우리 아이들에게서 글로벌 인재를 넘어 글로벌 리더로 성장할 수 있는 다양한 가능성을 발견할지도 모를 일이다.

롤모델의 발자취를
따라 걷게 한다

어떻게 하면 글로벌 인재로 키울 수 있느냐는 질문에 이어 부모들이 많이 궁금해하는 것은 무엇일까? 눈치 챘겠지만, "어떻게 하면 글로벌 인재가 될 수 있는 소양과 능력을 키워줄 수 있을까요?"다. 앞서 무엇을 할 것인지에 대한 확고한 목표를 정하라는 말을 했는데, 이후에는 아이의 눈높이에 맞는 활동과 경험의 크기 안에서 충분히 떠올려볼 수 있는 대화를 통해 그 꿈을 구체화시켜주는 과정이 중요하다.

초등학교 저학년 아이들과 함께 '꿈 지도 프로젝트'를 한 적이 있다. 자신이 꿈꾸는 미래 모습을 그리고 그 꿈을 이루기 위한 과정과 노력들을 나이대별로 지도를 그리듯 그려보는 것이었는데, 어떤 사람이 될 것인가에 대한 수많은 대답들이 쏟아져나왔다. "손흥민 같은 훌륭한 축구선수가 되고 싶어요", "제인 구달 같은 환경보호가가 되고 싶어요." 대부분 아이들은 가고 싶은 대학이나 가지고 싶은 직업을 예로 드는 경우가 대부분인데 방송에서 만났던 한 진로 전문가는 꿈에 대해 이렇게 정의했다.

"여러분이 바라는 이상적인 모습, 살아가면서 간절하게 이루고 싶은 최종 목표를 꿈이라고 할 수 있습니다. 직업은 꿈을 이루기 위한 목표 중 하나라고 볼 수 있어요. 직업이 꿈이라면 그 일을 하면서 행복하지 않더라도 꿈을 이뤘다고 할 수 있을까요? 평범한 직업을 가졌다 하더라도 꿈을 가지고 살아가는 사람은 항상 활력이 넘치고 열정적이어서 어떤 직업을 가지고 있든 무슨 일을 하고 있든 반짝입니다. 그래서 사람은 꿈이 있어야 하고, 그래야 지금 해야 하는 일, 목표가 생기게 되는 겁니다. 여러분은 지금 어떤 꿈을 꾸고 있나요?"

《오늘은 당신의 남은 인생의 첫날이다》라는 책에는 이런 말이 있다. "꿈 있는 삶이 모든 것을 가진 삶보다 아름답다." 그래서 아이들이 꿈을 탐색하고 실현할 수 있게 도와주는 일은 무엇보다 중요하다. '꿈 지도 프로젝트'는 이런 과정으로 진행한다. 자신이 꿈꾸는 미래의 모습을 머릿속으로 떠올려보기도 하고 각자가 준비한 롤모델의 모습에 자신의 얼굴을 붙여보면서 미래의 내 모습을 구체적으로 떠올려본다. 그리고 매년 어떤 노력을 해나갈 것인지 구체적인 목표를 실행해가는 과정을 발표하는 시간도 가진다. 목표를 향해 가는 가장 빠른 지름길은 실행이다. 만약 아이가 스티브 잡스와 같은 IT계의 혁신 인물이 되고 싶어 한다면 꿈 지도를 통해 '이번 주부터 컴퓨터 공부를 시작할 것이다. 그리고 12월까지는 간단한 프로그램을 꼭 만들 것이다'라는 식으로 무엇을 실천할 것인지 실현 가능한 계획을 세워보게 한다. 그리고 최종적으로 되고 싶은 모습도 구체적으로 떠올려보게 한다. '스티브 잡스 같은 유명한 사람이 되어서 인공지능 휴대폰을 만들 거예요. 그리고 그렇게 번 돈으로 굶주리고 있는 빈민국 아이들에게 평생 동안 음식을 주며 행복하게 함께 살아갈 거예요.'

천재 바이올리니스트 장영주의 부모는 딸을 세계적인 음악가로 키워낸 비결을 소개했는데, 역시 구체적인 목표와 실행력의 중요성을 강조했다.

"원대한 목표를 세우게 하십시오. 어떠한 일에도 목표 설정만큼은 아주 중요하며 꼭 필요합니다. 영주는 15살이 되기 전에 전 세계의 유명한 오케스트라와 빼놓지 않고 협연한다는 목표를 세웠습니다. 물론 목표 달성은 훨씬 앞당겨졌습니다."

꿈 지도 프로젝트에는 '꿈의 일기'란 이름 붙인 일기장 쓰기 활동도 있다. 표지에는 아이가 만든 미래의 자신의 모습을 늘 볼 수 있도록 크게 붙여준다. 그리고는 자신의 꿈을 떠올리고 꿈을 이루기 위해 노력한 점들을 일기장에 기입하면서 매달 마지막 날, 그리고 매년 마지막 날, 얼마나 나의 다짐을 실천했는지 점검한다. 또 새해에는 꿈을 이루기 위한 새로운 계획들을 세우고 실천하도록 한다.

이렇게 하는 이유는 간단하다. '아는 만큼 보인다'는 말처럼 아직 경험이 많지 않은 아이들은 꿈을 구체화시키기 쉽지 않기 때문이다. 어떤 노력을 해야 꿈을 실현할 수 있으며 나는 지금 어떤 노력을 하고 있는지 꿈의 지도를 잘 그리고 직접 그 길을 걷는 자신의 모습을 생생하게 떠올려보면 꿈에 한 발 다가선 듯한 가슴 뛰는 경험을 할 수 있다. 물론 부모도 함께 참여해야 한다. 어렵지 않으니 집에서도 쉽게 실천할 수 있다.

최적의 전술이 없는 전략은 실패 확률이 높다. 한 진로 전문가는 꿈을 찾아가는 길을 함께 탐색해주고 충분한 대화를 통해 아이가 진정 원하는 것이 무엇인지, 어떤 분야에 재능이 있는지 파악하고 그 길을 향해 함께 걸어가는 것이 부모의 중요한 역할이라고 하면서 아이와의 소통과 관심, 진로에 대한 정확한 정보의 중요성을 강조했다. 그리고 봉사의 삶을 사는 의사를 꿈꾸었던 아이의 이야기를 들려주었다.

"아프리카에서 의료 봉사를 하면서 주민들을 보살피고 자연 속에서 소소한 행복을 누리며 살고 싶다는 꿈을 꾸었던 아이가 있었어요. 외국에 가겠다는 목표가 있었으니 외국어 공부도 열심히 했고요. 공부도 잘해서 자연계에 갔는데 문제는 의사라는 직업에 대한 정보가 많이 부족했다는 거죠. 요즘은 중학교 때부터 진로교육도 활발하게 하고 진로 관련해서 체험할 수 있는 기회도 많은데 안타깝게도 의사가 어떤 일을 하는지, 어떤 역량이 필요한지 이해도 경험도 부족했던 거예요. 막연히 사람들을 치료해주는 일이라 멋지게 생각했는데 막상 의대에 진학하고 보니 의대생이 배워야 하는 과목도, 하는 일도 적성에 맞지 않아서 오랫동안 노력했던 일이었지만 포기하고 다른 길을 또 찾고 있다고 하네요."

이런 실패를 경험하지 않으려면 부모와 자녀가 함께 꿈 탐색에 참여해야 한다. 위인전도 좋은 교재가 된다. 그 인물이 어떤 역경을 겪었고 어떻게 이겨냈으며 꿈을 이루기 위해서 어떤 노력을 했는지 책을 통해 롤모델의 삶을 들여다볼 수 있고 자신의 모습을 대입할 수 있으니 좋다. 어린 시절부터 직업에 대한 정보와 다양한 체험의 기회를 주는 것도 중요하다. 과학자가 되고 싶다는 아이에게는 아인슈타인이나 에디슨 같은 위대한 과학자의 위인전을 읽어주는 것뿐만 아니라 나이에 맞는 실험과 탐구활동에 적극적으로 참여하게 함으로써 관심사를 흥미로 연결시켜 과학의 재미를 온몸으로 느끼게 해주는 것도 좋다. 헤어 디자이너를 희망하는 아이의 경우에는 부모가 미용실에서 머리를 정리하는 동안 헤어 디자이너에게 "언제부터 헤어 디자이너가 되고 싶었어요?"라는 식의 인터뷰를 하면서 실제 직업 종사자의 삶을 들여다보고 공감해볼 수 있도록 기회를 만들어주는 것도 좋다.

요즘은 명사들의 강의를 접할 수 있는 방법도 많다. 아이가 관심 있는 분야의 유명인을 만날 수 있는 기회를 만들거나 책, TV, 여러 영상 매체 등을 통해서 그 사람의 삶의 궤적을 따라가 보고 느껴볼 수 있는 시간을 갖게 하는 것도 도움이 된다. 모두 일상에서 할 수 있는 '꿈 탐색 활동'이다. 우리 아이가 꿈을 향해 가는 길을 얼마나 잘 찾아서 잘 걸어가고 있는지 살펴보자. 세계라는 넓은 길에서 꿈을 향한 길 곳곳을 많이 걸어본 아이일수록 높은 곳도 먼 곳도 잘 오를 수 있다. 글로벌 인재가 되기 위한 출발점도 바로 거기에서 시작된다.

2

융합 인재를 키우는
엄마의 센스

세계를 움직이는 큰손,
융합 인재

최근 기술과 인문학적 소양을 두루 갖춘 IT 계의 인재들이 세계적인 히트 상품과 서비스를 만들어내면서 '융합형 인재'에 대한 관심이 높다. 소셜 네트워크라는 세계인을 하나로 묶는 혁신적인 서비스를 통해 최연소 억만장자가 된 저커버그는 하버드에서의 주 전공 과목이 심리학이었다. 컴퓨터와 심리학이라는 전혀 다른 두 학문을 함께 전공해 공학도로서의 전문성과 인문학적 통찰력을 키울 수 있었다. 휴대전화에 감성을 불어넣어 IT 업계의 융합과 혁신을 주도한 스티브 잡스도 마찬가지다. 그가 늘 강조했던 '다르게 생각하라(think different)'라는 캠페인처럼, 세상을 바꾸려면 다르게 생각할 줄 알아야 하며 정형화되고 규격화된 틀을 벗어나야 한다. 이를 위해서는 교육 또한 그 틀을 벗어난 창의적인 접근과 적용이 필요하다.

한국 산업의 돌파구가 무엇인지 해법을 모색해보는 콘퍼런스에서 서울대 공과대학 이건우 학장을 만났다. 새로운 산업을 발굴하고 성장시키려면 혁신적인 사고와 창의성이 중요한데 우리 교육이 창의성의 위기를 맞고 있다며 걱정했다.

"5개의 보기 중에 하나를 고르는, 그것도 빨리 골라내야 하는 수능과 같은 시험과 주입식 교육이 있던 창의성까지도 말리고 있습니다. 초등학교 교육에서부터 변화가 있어야 합니다. 엉뚱한 생각을 하더라도 혼내지 않고 일단 해보게 하고, 자꾸 망쳐보게 하고, 실패해보게 하면서 창의성을 길러줘야 합니다. 어린아이들뿐만 아니라 대학에서도 그런 창의적인 여건을 길러주는 것이 중요합니다."

창의성 교육이 떠오르면서 제시되고 있는 것이 융합형 인재를 키워내기 위한 'STEAM교육'이다. 이것은 과학(science), 기술(technology), 공학(engineering), 예술(art), 수학(mathematics)을 통틀어 일컫는 말로 기존의 주입식·암기식 교육 방식에서 탈피해 과학과 기술을 체험·탐구·실험 중심으로 전환하여 흥미와 잠재력을 높이기 위한 과정이다. 최근 초등학교 교육과정에도 확대되고 있는 추세인데, 다양한 분야의 융합적 지식과 개념을 통해 실생활에서 문제를 해결하는 것에 초점을 맞추는 만큼 깊은 사고력과 창의력을 길러줄 수 있기 때문이다.

융합교육에 관심이 있는 부모라면 왜 이 시대가 융합 인재를 원하는지를 먼저 알아야 올바른 교육 방향을 제시할 수 있다. 통섭학자로 불리면서 생물학과 인문학을 오가며 다양한 활동을 펼쳐온 국립생태원장이자 이대 석좌교수인 최재천 교수는 "이 시대에 왜 융합이고, 융합 인재가 왜 중요한가요?"라는 질문에 이런 답을 했다.

"이미 한 우물만 파는 사람이 혼자서 문제를 해결하기 불가능한 시대가 된 겁니다. 서로 다른 분야의 경험을 가진 사람들이 만나서 문제를 해결해야 할 정도로 세상이 복합해졌습니다. 어느 한 울타리 안에서 계속 창의적인 것을 하다 보면 창의적인 것이 나올 확률은 줄어들 수밖에 없겠죠. 울타리를 넘어 월담을 하면 갑자기 새로운 세상이 나타나잖아요. 그때 창의성이 높아집니다. 결국 다양한 분야 간의 만남이 중요하다는 겁니다. 찔레라는 걸 기르는데 옆집에서 우리 집 담장으로 넘어온 장미가 훨씬 예뻐 보인단 말이죠. 왜 우리 집 장미보다 남의 집 장미가 훨씬 붉고 아름다울까 생각해보면, 새로운 영역으로 우리가 자꾸 경험하다 보면 보이지 않던 게 자꾸 보이게 되고 그것이 내 것과 만나면서 불꽃이 튀어서 창의성이 나올 확률이 커진다는 겁니다. 내 정원에서 매일같이 보던 것을 들여다보는 것보다 말이죠."

엄마의 다양한 관심을 공유한다

서울의 한 여고에서 교육연구부장을 맡고 있는 김영주 선생님을 만났다. 학교 교사로서뿐만 아니라 대입을 위한 강의와 방송 등 다방면에서 최고의 실력을 인정받고 있는 교육 전문가이다. 물리 교사면서 인문학에도 소양이 깊고 미술 전시와 음악 등 다양한 예술 분야에도 관심이 많은 슈퍼우먼 같은 김 선생님을 보며 이런 엄마를 닮은 자녀는 어떻게 자랐을지 궁금했다. 엄마의 다양한 재능만큼 아들도 그런 끼와 능력을 물려받았을지 궁금했다.

아들 정승우 씨는 세계적인 명문대 스탠퍼드를 졸업해서 현재 창업의 메카 실리콘밸리의 한 스타트업에서 소프트웨어 엔지니어로 일하고 있다고 했다. 모든 사람이 공평하게 의료 혜택을 받게 하고 싶다는 그는 기술과 의료의 결합을 통해 사람들에게 도움이 되는 일을 하는 것을 꿈으로 가지고 있다고 한다. 회사 홈페이지에 정승우 씨는 이렇게 소개되어 있다. "정승우는 컴퓨터사이언스와 신경생물학을 일컫는 뉴로바이올로지를 전공했으며 인공지능과 줄기세포에 관심이 많고 역도를 즐긴다." 정승우 씨는 공부에 운동에 아카펠라 활동으로 정기 공연까지 활발하게 했을 정도로 다방면에 재능을 가진 융합 인재였다. 그런 아들을 길러낸 비결은 무엇인지 궁금했다. 명문대를 졸업하고 많은 젊은이들이 선망하는 실리콘밸리에 입성했다는 것도 흥미로웠지만, 유학이 아니라 순수 국내파로 한국에서 고등학교를 마치고 스탠퍼드에 합격했다고 하니 성장 과정이 더욱 궁금해졌다. 선생님은 엄마의 다양한 관심사를 아이 교육으로 연결시키고 다양한 체험의 기회를 넓혀주었던 것이 도움이 됐다고 했다.

"저는 자연계였지만 평소에 감수성이 예민하고 독서와 글쓰기, 역사에 관심이 많았어요. 그래서 민속화 하나를 봐도 시대적인 배경을 알고 역사를 연관시켜 그림의 의미를 떠올려보길 좋아했어요. 제가 그런 사람이니 우리 아이도 관심이 있는 것, 잘하는 것을 중심으로 가르치되, 학문적으로 인문학에 대해 많이 아는 것보다 체화가 되어서 인문과 역사와 같은 다양한 분야에서도 감각이 있는 사람으로 키우고 싶다는 생각을 했어요. 그리고 어떤 것을 가르쳐야겠다는 생각보다는 넓은 세상에서 공부를 시키고 싶다는 생각을 했어요. 넓은 곳에서는 포괄적이고 방대하게 생각을 볼 수 있는 눈을 가질 수 있다는 생각을 해왔으니까요. 또 전공은 취직이 잘 되고 안 되고를 떠나서 자기가 좋아하는 분야를 공부하게 되면 돈은 벌게 되어 있다고 생각해서 나중에 무슨 일을 하면 좋겠다고 강요하지 않았어요. 하지만 다양한 경험을 하는 것은 중요하다고 생각해서 스케이트나 수영처럼 아이가 하고 싶다는 것은 할 수 있도록 적극적으로 도와주었어요. 특별히 해준 것은 없는데 아이가 잘 자라준 거죠."

아이를 키우다 보면 엄마의 관심사는 자연스럽게 아이에게 이어지게 된다. 미술에 관심이 많은 엄마는 아이에게 좋은 예술 작품을 볼 수 있는 기회를 많이 만들어주게 되고 함께 그림 그리는 시간을 많이 가지며 아이가 그린 그림을 더 유심히 관찰하고 지도하게 된다. 엄마가 의식하지 못하는 순간에도 아이는 엄마가 보여주는 행동으로부터 많은 것들을 배우고 익히게 된다. 융합 인재를 키우겠다는 거창한 결심을 가지고 영어, 과학, 수학이며 많은 것들을 한꺼번에 가르치려 하지 말고 어릴 때부터 자연스럽게 엄마와 함께 하는 놀이와 공부를 통해 자연스럽게 배울 수 있도록 하자.

목소리가 낭랑하고 그림을 잘 그리는 엄마라면 좀 더 생동감 있게 책을 읽어주면서 그림 속 캐릭터와 그림의 의미를 더욱 깊이 있게 설명할 수 있다. 그러면 아이는 그림에 더 관심을 가지면서 상상력을 발휘할 수 있고 이야기를 더욱 몰입해서 듣고 공감할 수 있을 것이다. 음악을 좋아하는 엄마는 좋은 음악을 많이 들려주며 아이의 감수성을 키워줄 수 있다. 따라서 신나는 음악에 간단한 율동만 곁들여도 엄마와 함께 하는 음악체조를 통해 음악적 감각과 체력과 유연성까지 함께 길러줄 수 있다. 전문지식은 부족하더라도 내 아이가 '잘하고 좋아하는 것'을 파악하고 엄마 스스로가 잘 알고 좋아하는 분야를 가르치면서 선생님이 되어주는 것이 무엇보다 훌륭한 융합교육이 된다.

재능을 두 배로 키워주는
강점 교육을 실천한다

　　　　　　　　해외에서 공부를 하거나 일을 하는 사람들이 가장 큰 어려움을 호소하는 부분은 언어다. 한 교수님은 기사를 통해 우리나라의 우수한 연구가 언어장벽으로 인해 저평가되고 있다며 현실을 안타까워하셨다. 세계에서 우리나라 대학의 경쟁력이 떨어진다는 말을 많이 듣는데, 실상은 아무리 우수한 연구 역량이 있어도 영어로 게재하고 발표까지 해야 하니 연구 업적을 제대로 인정받기가 쉽지 않다는 것이다. 그런데 말을 배우기가 무섭게 한글과 영어를 동시에 빠르게 배웠다는 정승우 씨의 이야기를 들으면서 어떻게 영어 교육을 했는지도 궁금했다. 많은 부모들이 영어 공부를 즐거운 놀이로 접근하라는 말을 많이 하는데, 선생님은 그 속에서도 더 섬세하고 차별화된 전략이 있었다.

　"승우가 태어났을 때 좋은 음악을 들려주려고 우연히 월트 디즈니 노래를 틀어줬는데 그 작은 아이가 음을 따라 하더라고요. 월트 디즈니 만화 노래를 너무 좋아해서 영어 테이프로 노래를 많이 들려줬어요. 그런데 말을 할 때가 되니까 영어로 만화 영화 대사를 다 하더라고요. 음악을 좋아하니 영어도 노래로 자연스럽게 배울 수 있게 한 거죠. 아빠가 노래를 잘하는데 나중에 피아노 선생님이 승우는 절대음감을 타고났다고 하더라고요. 유치원 때 외국인들이 우연히 아들이 영어로 말하는 걸 들었는데 미국에서 온 아이처럼 발음이 좋다고 하더라고요. 음감이 좋으니 억양도 그대로 따라 하게 된 거죠. 당시에는 영어 테이프 구하기가 쉽지 않았는데 그 후로 자주 구해서 들려주었습니다. 그랬더니 초등학교 시절 내내 영어는 동네에서 가장 잘하는 수준이 됐죠."

교육 전문가다운 지혜에 입이 떡 벌어졌다. 아이를 키우다 보면 아이가 좀 더 발달한 감각이나 재능들이 있음을 알 수 있다. 그 부분을 활용하고 자극해주면 놀라울 정도로 빨리 배우고 흡수하게 된다는 것이다. 예를 들어 언어 감각이 발달해 대화하길 좋아하는 아이라면, 엄마가 간단한 영어밖에 하지 못하더라도 몇 개의 문장들을 외워서 역할 놀이를 하며 영어로 이야기할 수 있는 기회를 많이 주는 것이 좋고, 해외 드라마나 유아 프로그램을 자주 보여주면서 마치 영어권에서 살고 있는 듯 일상의 대화를 자주 들려주는 것도 좋다.

호기심 덩어리인 아이들은 성장하면서 관심 있는 분야를 빠르게 확장시켜나간다. 승우씨도 영어 노래를 즐겨 듣다 보니 영어를 잘하게 됐고, 그러다 보니 자연스레 외국에 대한 관심이 커졌다고 한다.

"어느 날, 백인과 흑인, 동양인은 무슨 생각을 하며 사는지 다양한 인종과 문화에 대해서 계속 묻더라고요. 그러더니 6살 때부터 '엄마, 나 외국에 살면 자주 보러 와야 해'라면서 자기는 외국에서 살 거라고 하더라고요. 다른 나라에 대한 책들도 많이 봤고요. 그때부터 외국에 대한 동경을 점점 키웠던 것 같아요. 그리고 어린 시절, 그런 관심이 전 세계 사람들에게 도움이 되는 일을 하겠다는 꿈으로 발전해나갔던 것 같습니다."

아이의 발달된 감각과 재능을 잘 살려서 키워주었던 엄마의 세심한 관찰과 지혜가 결국 자신의 길을 스스로 개척해나갈 수 있게 했던 원동력이었던 셈이다.

미래형 인재의 조건!
문제해결력을 길러준다

부모들이 바라는 융합 인재는 앞으로의 변화에 잘 적응하고 유연하게 대처해나가는 미래형 인재여야 하기도 하다. 따라서 아이를 키우는 부모들도 아이들의 주 무대가 될 미래의 모습에 관심을 기울여야 한다.

정보통신기술의 발달로 이뤄지는 차세대 산업혁명, 즉 인공지능, 로봇기술, 생명과학이 주도하는 4차 산업혁명이 눈앞에 다가왔다. 다양한 분야가 경계를 허물고 융합을 이루면서 미래 사회는 빠르게 변화할 것이다. 한국고용정보원의 조사에 따르면 직장인 2명 중 1명은 인공지능과 같은 4차 산업혁명이 도래하면 자신이 종사하고 있는 분야의 일자리가 업무 자동화로 인해 줄어들 것이라고 예상했다. 또 한 국제 콘퍼런스에서 칼 베네딕트 프레이 영국 옥스퍼드대 교수는 "4차 산업혁명으로 일자리의 47%가 자동화될 수 있습니다"라며 노동시장의 대변혁을 예고하기도 했다. 그리고 〈고용의 미래〉라는 보고서에 따르면 2020년까지 200만 개의 직종이 생겨나지만 710만 개의 직종은 사라질 것이라고 한다. 또 〈유엔미래인재보고서 2025〉에는 미래에 새로 생기게 될 직업들에 대해 소개하고 있는데 질병에 걸리지 않도록 예방해주는 유전자 프로그래머, 인공적으로 날씨를 조절해주는 날씨 조절 관리자, 군사로봇 개발자 등을 미래 직업으로 꼽고 있다. 이렇듯 미래 직업의 큰 변화가 예고되고 있는 상황에서 우리 아이들의 배움도 패러다임 변화가 필요하다. **따라서 부모 역시 아이들과 함께 적극적으로**

미래 직업 세계를 끊임없이 탐구하면서 다가올 변화를 인식하고 적극적으로 대응해나가야 한다.

알파고와의 바둑 대결 이후 국민적 관심사가 된 인공지능 분야 역시 대표적인 미래 산업이라 할 수 있는데, 미국의 한 퀴즈쇼에서 2명의 '인간'을 물리친 인공지능 프로그램 왓슨 개발에 참여하며 앞서나가고 있는 공학자, 아주대 전자공학과 감동근 교수에게 미래 사회를 이끌어갈 아이들에게 필요한 교육은 무엇인지 물었다.

"우리 아이들을 우리가 교육받은 방식으로 가르쳐서는 곤란합니다. 어떤 지식을 습득하는 것, 정해진 문제에서 정답을 골라내는 것은 인공지능을 이길 수가 없습니다. 지식은 이제 국가 간의 경계를 넘어서 수많은 데이터를 공유하고 사용할 수 있는 시대가 왔기 때문에 널려 있는 자료를 선별하고 찾고 활용할 수 있는 능력이 중요합니다. 단순한 지식보다 문제해결력이 중요해지는 시대가 올 겁니다. 선행학습을 열심히 시켜서 좋은 학교 보내는 게 더 이상 도움이 되지 않는다는 거죠. 아이들의 교육을 생각할 때 이런 점을 깊이 생각해보시면 좋겠습니다."

문제해결력을 가진 아이. 주변을 봐도 배운 책을 줄줄 외우고 시험을 잘 보는 아이보다 친구들의 문제를 해결해주기도 하고 고장 난 물건을 매만져서 금세 고쳐놓기도 하고 다양한 상황에서 척척 문제를 해결해나가는 아이가 더 반짝반짝 빛날 때가 많다. 이런 아이들은 변화된 환경에 적응하는 능력도 뛰어나서 결국 이루고 싶은 일이나 목표가 있다면 주체적으로 그 길을 찾고 해결해나가는 경우가 많아 주변의 부러움의 대상이 되기도 한다.

김영주 선생님에게 실리콘밸리의 창의적인 인재로 역량을 펼치고 있는 아들의 이야기를 듣다 보니 역시 탁월한 문제해결력과 적극성이 꿈에 한 발 다가서게 한 열쇠라는 생각이 들었다. 정승우 씨는 미국 대학에 진학하고 넓은 세상에서 공부하며 꿈을 펼치겠다는 계획부터, 한국에서 공부해서 외국 대학에 진학하기 위해서는 어떤 고등학교에 입학하는 것이 유리한지, 이를 위해서는 어떤 수상 경력을 쌓아야 하고 어떤 능력들을 갖춰야 할지 스스로 정보를 찾고 그 길도 탐색했다고 한다.

"아들에게 '뭘 해야 한다', '이것을 해라' 가르치지도 강요하지도 않았어요. 그런데 꿈이 확고해서인지 스스로 그 방법을 찾아오더라고요. 수상하면 국제 대회에 참가할 수 있고 장학금이 나오는 국내 대회 정보를 찾아서 출전하기도 하고, 실제로

상을 받아서 그 돈으로 외국에 가서 대입에 도움이 되는 경력들을 쌓기도 했어요. 그리고 해외 대학 진학을 위한 자료며 정보며 어디에서 구했는지 먼저 찾아와서 보여줄 정도로 적극적이었어요. 그런 것이 원하는 길을 가는 데 큰 도움이 된 것 같아요."

우리 아이들이 훗날 어떤 모습으로 어떤 일을 하며 살아가든, 그 중심에 진정 필요한 능력과 자세는 무엇인지, 부모와 아이들 모두 곰곰이 생각해봤으면 한다.

③
독서로 세상을 가르치는 부모의 지혜

**어디에서나 뛰어난 아이,
독서하는 습관이 만든다**

초등학교 1학년 교실, "왜 김연아는 세계 최고의 피겨 여왕이 되었을까요?"라는 선생님의 질문에 여러 대답들이 쏟아져 나왔다. "열심히 노력해서요", "좋은 선생님을 만나서요." 그중에서도 한 아이의 답이 감탄을 자아냈다. "자신의 꿈을 이루기 위해서는 최선을 다해야 하고 어떤 어려움이 있어도 이겨낼 수 있어야 해요. 김연아 선수는 하루도 빠지지 않고 힘들어도 열심히 노력했습니다. 그래서 훌륭한 선수가 되었습니다." 또랑또랑한 목소리로 발표도 잘하고 생각을 자신 있게 이야기하는 아이에게 엄마들의 부러움의 시선이 일제히 쏠렸다. "애는 도대체 뭘 배웠기에 이렇게 똑똑한가요?" 나이는 어려도 또래보다 야무지고 당차게 자신의 생각을 표현하는 아이들이 있다. 이런 아이들은 공통점이 있다. 모두 책을 많이 읽었다는 것이다. 단순히 말을 잘하는 것과는 다르다. 책을 많이 읽은 아이들은 말 한 마디 한 마디에서 아직 영글지는 않았어도 당찬 생각이 드러나고 남을 배려하고 공감하는 마음이 드러난다.

중국의 유명 시인 소동파는 "책이 많다는 것은 바닷속으로 들어가는 것과 같다. 만물이 거기 다 있다"라고 했고 영국의 낭만파 시인 윌리엄 워즈워스는 "책은 한 권 한 권이 하나의 세계다"라고 했다. 책은 상대를 가리지도 않고, 넓은 세상을 보여주는 데 한계도 두지 않는다. 특히 전래동화, 동시와 같은 다양한 아동문학은 아이들에게 자연세계뿐 아니라 인간세계, 사물에 대한 날카로운 직관력과 관찰력을 기르게 해주고 문학 속 등장인물들에 자신의 모습을 대입시켜 감정을 자연스럽게 표현할 수 있는 능력도 길러주니 책이라는 선생님을 통해 세상의 다양한 면면들을 배운 아이들의 대답은 남다를 수밖에 없다. 독서 강국 핀란드 사람들의 믿음처럼, 당장에는 뛰어난 점이 보이지 않더라도 자신의 내면 깊은 곳에 보물로 간직하고 있다가 어느 순간 밖으로 그 보물을 불쑥 꺼내기 마련이다. 독서교육 전문가이자 인문학 강사인 인문앤스토리 조수미 소장에게 독서를 많이 한 아이와 그렇지 않은 아이들의 차이에 대해 물었더니 아니나 다를까 독서를 많이 한 아이들은 "논리적이고 깊이 있는 사고"에서 확연히 차이가 난다는 대답을 들을 수 있었다. 또 여러 영역에서도 수월성을 보인다며 어린 시절 독서의 중요성을 강조했다.

"책을 많이 읽은 아이와 그렇지 않은 아이는 기본적으로 언어구사력에서 상당한 차이를 보입니다. 언어구사력이 발달하면 자신의 생각은 물론 감정까지 잘 표현할 수 있고, 잘 표현하게 되면 자극이 되어 점점 더 발달하게 됩니다. 언어구사력이 좋다는 것은 결국 어휘뿐 아니라 문장을 이해하는 능력이 다르다는 것이죠. 문장을 이해한다는 것은 아이가 얼마나 논리적으로 그리고 깊게 사고할 수 있는지를 알 수 있는 척도입니다. 외국어를 배우는 데도 모국어 실력이 중요합니다. 아무리 발음이 좋고 단어를 많이 알아도 논리적으로 내 생각을 정리하고 전달하는 능력이 없다면 소용없겠죠. 이런 능력을 길러주는 것이 독서입니다. 또 요즘 코딩교육이 열풍인데, 그 바탕도 결국 얼마나 자신의 생각을 논리적으로 정리하고 표현할 수 있는가가 중요합니다. 업계에선 농담처럼 프로그래밍도 언어이기 때문에 외국어 잘 배우는 사람이 프로그래밍도 잘 배운다는 말이 있는데, 맞는 말입니다."

학업능력을 키워주는
어휘력의 바탕, 독서력

_____ 다양한 영역에서 수월성을 보이는 아이들의 특징이 '독서력'에 있다고 했는데, 특히 독서를 많이 한 아이들 가운데 두드러지는 능력 가운데 하나는 어휘력이다. 어휘력은 말을 들을 때 이해하는 능력과도 관계가 깊다. 수업이 대부분 말을 통해 이뤄지기 때문에 많은 어휘를 알면 그만큼 선생님의 말을 잘 이해할 수 있다. 또래에 비해 말을 잘하고 많은 어휘를 익힌 아이들이 학년 초부터 공부에서도 상위권을 놓치지 않는 것만 봐도 알 수 있다. 평소 부모와 자주 대화하는 아이들을 보면 또래보다 어려운 어휘를 구사하는 것을 종종 볼 수 있는데, 이보다 더 큰 영향을 미치는 것이 독서라고 한다.

《하루 15분 책읽어주기의 힘》이라는 책에서는 우리가 일상생활에서 사용하는 5천 단어를 기본 어휘라고 하는데, 실제로 평소에 나누는 대화의 80% 이상은 1천 단어 내에서 이뤄진다고 한다. 그리고 그밖에 가끔 사용하는 다른 5천 단어를 합친 1만 단어를 공통 어휘라고 하는데, 이 공통 어휘 외의 단어들을 '희귀 단어'라고 부르며 어휘력의 궁극적인 힘은 '얼마나 많은 희귀 단어를 이해하는가에 달려 있다'고 한다. 여기서 독서는 희귀 단어를 많이 습득하게 해줌으로써 어휘력을 결정짓는데 많은 영향을 미친다는 것이다. 어른이 4살짜리 아이와 대화할 때를 비교해보면 1천 단어당 9개의 희귀 단어를 사용하지만, 아동 도서에는 그 세 배가 쓰이고 신문에는 일곱 배가 쓰인다고 한다. 결국 TV를 포함해 평범한 일상의 언어를 사용해서 어휘의 양을 늘리는 것은 한계가 있으며, 독서가 더욱 효과적이라는 것이다. 그리고 하나 더 강조하는 점은 책뿐만이 아니라 잡지나 신문, 만화 같은 다양한 인쇄물들을 많이 접할수록 글쓰기, 읽기, 수학 성적에까지 긍정적인 영향을 미친다는 것이다.

어휘력은 학년이 올라갈수록 중요해진다. 초등학교 고학년으로 넘어가면 교과서에 정치, 경제, 역사와 같은 영역들에서 생소한 용어들이 많이 보이고, 국어만 해도 중학교 때에는 기초적인 독해능력만 갖추어도 이해할 수 있었지만 고등학교에서는 수필이나 논설문과 같은 훨씬 다양한 영역의 글이 등장하게 되면서 글의 수준도 급격히 높아지기 시작한다. 공부하는 데 가장 어려움을 많이 겪는 수학도 결국 문제라는 '문장'과 그 속의 '어휘'를 이해하고 답을 추론하는 과목이기 때문에 어휘력이 부족하면 문제 자체를 이해하는 것조차 힘든 상황에 부딪힐 수도 있다. 그러나 어휘력이 뒷받침되는 아이들은 어려운 글을 읽어도 쉽게 이해하고 받아들일 수 있을 뿐 아니라 폭넓은 배경지식을 얻는 데도 도움이 된다.

수능 시험에도 배경지식이 풍부한 아이들에게 유리한 통합교과형 문제들이 많이 출제되는데, 국어 지문에 보험의 특징에 대한 내용이 나오기도 하고 지리와 경제가 접목된 문제가 등장하기도 한다. 앞으로 인문계와 자연계 구분 없이 다양한 영역을 배우는 통합교육 추세가 속도를 내게 된다고 하는데, 그런 만큼 과학, 사회, 문화 등 다양한 분야의 지식을 종합적으로 습득하고 이해력을 높일 수 있다는 점에서 독서의 중요성은 더욱 커질 것이다. 한국직업능력개발원이 2004년 당시 중학교 3학년 2,000명을 12년 간 추적조사를 한 결과, 실제로 책을 많이 읽은 학생은 3년 후 치른 수능 시험에서 그렇지 않은 학생보다 국어, 영어, 수학 평균 표준점수가 20점 가량 높았다고 한다. 결국 독서력의 차이는 학업능력의 차이로도 이어질 수 있는 것이다.

책으로 길러주는 인문학적 사고

독서 습관을 길러줌으로써 인문학적 사고도 키워줄 수 있다. 그런데 인문학적 사고를 가진 아이로 키우겠다는 마음, 유행에 떠밀린 부모들의 욕심일까? 실제로 우리 사회가 목말라 하는 미래 인재의 중요한 덕목일까? 요즘 줄어들었던 독서량을 다시 끌어올려준 것이 바로 인문학(人文學) 열풍인데, 여기서 '인문'이란 인간이 살아가는 '삶의 무늬(文紋)'라고도 이해할 수 있다. 수천 년을 지나오면서 수많은 사람들의 생각과 경험, 역사를 통해 지혜를 전해주며 세상을 바라보는 우리의 시선에 깊이를 더하는 학문이기 때문이다. 스티브 잡스는 "소크라테스와 점심식사를 할 수 있다면 애플이 가진 모든 것을 줄 수 있다"라고 말했을 정도로 인문학의 중요성을 강조하기도 했다. 페이스북의 설립자 마크 저커버그도 어린 시절 역사, 예술 등 다방면에 관심을 가지고 컴퓨터공학과 심리학을 함께 전공하며 쌓았던 인문학적 DNA를 통해 결국 인간에 대한 통찰력을 바탕으로 한 커뮤니케이션 서비스를 탄생시킬 수 있었다. 이처럼 기술 발달로 사회가 급변하고 있지만 기술은 사람을 위해 존재해야 하고, 기존에 없던 새로운 것을 만드는 상상력도 결국 인문학적 지혜에서 비롯된다는 생각이 사회 전반에 퍼져나가고 있다.

이런 흐름을 타고 우리 사회에서도 '인문학적 소양'을 가진 인재를 필요로 하고 선호하는 추세다. 취업 시험에서 인문학 소양 테스트를 보기도 하고 대입에서도 희망 전공뿐만 아니라 다양한 분야에 대한 깊이 있는 지식을 얼마나 탐구했는지에 대한 지표로 '독서활동상황'이라는 영역을 중요하게 평가하기도 한다. 그러다 보니 '인문학적인 사고'를 길러주기 위한 방법으로 독서교육에 관심을 가지는 부모들도 늘고 있다. 어린이와 엄마들에게 인문학을 오랫동안 가르쳐온 조수미 소장에게 인문학적인 사고를 갖춘 아이로 키워야 하는 진짜 이유는 무엇인지 물어봤다. 그리고 이를 위한 독서교육은 언제야 할지도 물었다. 조수미 소장은 **독서의 방향이 '생각하는 힘을 길러**

주는 것'에 있어야 인문학적 사고가 바탕이 된 인재로 성장할 수 있다고 조언해주었다.

"어린 시절부터 인문학적 사고를 길러줘야 하는 이유는 셀 수 없이 많습니다. 학습능력 증진, 창의력 자극, 통찰력까지 그 이유가 다양하지만 가장 중요한 것은 '인간답게 사는 길'을 알려준다는 것이라고 생각해요. 인문학적 사고는 나를 돌아보고 반성하며 '나를 이해하는 학문'이기 때문에 다른 사람과 함께 협력하고 배려하며 공감하는 기쁨과 가치를 아는 행복한 리더가 될 수 있습니다. 그렇기 때문에 부모들은 책을 통해 전달하는 지식만을 쫓지 말고 한 권을 읽더라도 단 한 줄을 읽더라도 아이 스스로 그 내용을 깊이 생각할 수 있게 하고 무엇을 느꼈는지 표현할 수 있게 해야 합니다. 열 권의 책을 읽고 내용을 달달 외우더라도 책을 통해 어떤 생각을 갖게 되었는지 되새기지 못한다면 의미 없는 독서에 불과합니다. 지식이 아니라 지혜를 얻는 독서가 될 수 있도록 해야 합니다. 다시 말해, 생각하는 힘을 기르는 것이 중요합니다."

생각하는 힘을 길러주는 독서, 결코 어렵지 않다. 많은 전문가들은 독서를 통해 생각하는 힘을 길러주기 위해서는 무엇보다 책을 읽을 때 부모와 생각을 나누고 대화하는 습관이 중요하다고 한다. 특히, 유아기에는 전두엽과 우뇌가 발달하면서 창의력과 사고발달의 기초가 이루어지게 되므로 대화를 통해 다른 사람의 감정을 이해할 수 있게 된다. 따라서 책 속의 글만 읽어주는 것을 독서라 생각하지 말고 "비를 맞은 꽃들은 어떤 기분일까?", "네가 그린 나뭇잎은 다 싱싱하게 매달려 있는데 태풍이 불면 어떤 모습이 될까?"라는 식으로 아이와 함께 그림을 보면서 독특한 사물에 대해 이야기 나눠보자. 또 스토리 속 주인공의 마음에 대해 물어보고 자연스럽게 대화를 나누어봄으로써 생각하는 힘, 즉 사고력을 다각도로 확장시켜줄 수 있다. 하지만 이해하기 어려운 너무 높은 수준의 책을 읽히거나 책을 읽은 뒤 "아까 토끼가 여우에게 무슨 말을 했지?"와 같이 내용을 잘 익혔는지 확인을 위한 반복적인 질문은 독서를 오히려 공부로 느끼게 함으로써 자연스러운 생각의 전개와 발전을 가로막는 장해물이 될 수도 있다는 점을 기억하자.

부모와 함께 즐겁게 책을 읽으며 서로의 생각을 나누다 보면 어느 순간 생각의 힘이 더욱 깊이 뿌리내려 수많은 독서를 통해 익힌 책 속의 어휘들은 탁월한 말하기 실력으로 자리 잡고, 가슴속에 새겨진 감동적인 문구들은 글쓰기 실력으로 발전할 수 있을 것이다. 또 과거부터 현재까지 책 속에 담긴 수많은 사람들의 경험과 생각들은 지식을 넘어 지혜로 응축돼 훌륭한 인격과 가치관을 키워줄 수 있을 것이다. 인문학적 사고를 통해 세상을 보는 눈이 성장한 아이, 행복한 리더는 그렇게 길러지는 것이다.

엄마의 독서로
만들지 말자

주변을 보면 독서영재로 키우고 싶다며 욕심을 보이는 부모들이 참 많다. 하지만 잘못된 독서교육으로 인해 오히려 아이를 책과 멀어지게 만드는 경우를 많이 봤다. 대부분 독서에도 영재라는 개념을 대입시켜 대입이나 취업 등 어떤 목표를 위한 도구로 여겨 '즐기는 대상'이 아니라 '읽어야만 하는 대상'으로 비뤄놨기 때문이었다. 이런 욕심 때문에 한 살이라도 어렸을 때부터 많은 책을 접하게 하겠다는 '독서 조급증'이 생긴 부모들은 결국 독서도 책읽기 조기교육으로 만들어버리는 경우가 많은데, 반드시 기억하자. 아이의 관심과 흥미를 고려하지 않은 부모 주도의 독서는 아이들에게 오히려 책에 대한 부정적인 생각을 심어줄 수 있다는 것을. 몇 년 전 만났던 5살 아이의 엄마는 태교를 할 때부터 아이에게 책을 많이 읽어주었는데, 아이를 독서영재로 키우고 싶다는 마음에 초등학교까지의 독서 로드맵을 다 짜놓았다며 열의를 보였다.

"4살에 한글을 일찍 떼서 그때부터 책을 진짜 많이 읽혔어요. 그 또래 아이들에게 중요한 게 인성이라고 해서 인성동화와 전래동화를 읽히고 상상력을 키우는 데 좋다고 해서 명작동화도 많이 들였어요. 과학동화와 수학동화도 구입했는데 초등학교에 들어가면 경제동화와 한국사, 세계사 전집도 읽힐 거예요. 독서교육도 체계적으로 해야 어려운 수업도 잘 따라갈 수 있으니까요. 그래서 규칙적으로 매일 독서량과 책 종류를 정해놓고 읽게 했는데, 제가 책을 읽어주기도 했지만 그것도 매일 하는 게 일이라서 하루에 1시간 정도는 스스로 책을 읽도록 했어요. 처음에는 좀 힘들어 보이더니 습관이 됐는지 정해준 독서량을 잘 채우고 있어요."

이 엄마는 또래보다 많은 책을 읽혔고 나이에 비해서는 어려운 책으로, 그리고 종류별로 다양한 책을 읽히면서 '체계적인 독서교육'을 해왔다고 자부했는데, "책을 읽혔다"라는 말을 여러 번 반복하는 데서 알 수 있듯이 결국 '체계적'이라는 기

<u>준도 엄마가 정하고 독서 시간과 양도 엄마가 주도권을 쥐고 있었다.</u> 그런데 몇 년 후, 자신의 행동을 반성하게 된 계기가 있었다면서 이런 이야기를 들려주었다.

"요즘 들어 책 읽기를 내켜하지 않는 것 같아서 그래도 약속한 건 지켜야 된다고 몇 번 다그쳤더니 또 잘 따라주더라고요. 그런데 유치원 선생님께 들어보니 '좋아하는 책'에 대해 말하는 시간에 자기는 책 읽기가 싫다고 했대요. 엄마가 좋아하니까 읽긴 읽는데 안 읽으면 혼날까 봐 보는 경우도 많다고요. 집에 있는 책을 누가 다 가져가버렸으면 좋겠다고 했다더라고요. 그 말을 듣고 충격을 좀 받았어요. 그런 생각을 할지 꿈에도 몰랐죠. 딸이 좀 내성적이긴 한데 저 때문에 싫어도 내색 못 했다는 생각을 하니까 너무 미안하더라고요."

작은 상처는 겉으로 티가 나지 않을 수 있지만 치료하지 않고 방치하면 언젠가는 곪아 터지기 마련이다. 아이들은 생각을 모두 표현할 수 있을 만큼 성숙한 존재기 아니다. 그러니 먼저 책을 어떻게 바라보고 있는지 아이들의 마음을 살펴야 한다. 아직 마음의 준비가 되지 않은 아이들에게 책 읽기를 반복적으로 강요하면 심한 경우, 정신건강마저도 해칠 수 있다. 다큐멘터리 프로듀서이자 과학 저널리스트로 '읽기와 뇌 발달',

'놀이와 뇌 발달' 등을 주제로 많은 강의를 해오고 있는 신성욱 PD도 한 인터뷰에서 이점을 강조했다.

"18개월부터 25개월까지 1만 권의 책을 읽었고 하루에 8시간이나 책을 봤던 한 아이의 뇌를 검사했더니 지능검사에서는 지체 발달로 나왔고 동물원에서 사육당하는 동물과 비슷한 정도로 애착반응 검사에서도 심각한 문제가 발견됐습니다. 엄마의 눈치를 보면서 엄마가 좋아하는 행동을 한 것일 뿐이지만, 어릴 때부터 무리하게 책을 많이 읽혀서 아이들의 정신건강이 피폐해지는 비극적인 일은 우리 주변에서도 많이 일어나고 있습니다."

독서는 엄마의 독서가 되어서는 안 된다. "배우길 좋아하고 깊이 생각하면 마음으로 그 뜻을 알게 된다"는 어느 역사가의 말처럼 **아이가 좋아하는 책을 중심으로 아이 스스로 즐겁게 독서 습관을 가질 수 있도록 해주어야만 그 효과를 제대로 누릴 수 있다.** 그렇다면 어린 자녀들에게 즐거운 책 읽기 습관은 어떻게 들이게 하는 것이 좋을까?

책 읽어주는 부모 되기

나는 평소 "많은 책을 사주지 않아도 책과 사랑에 빠진 아이는 절로 독서광이 된다"라는 말을 자주 하곤 한다. 그러니 아이 스스로 좋아하는 책을 선택해서 편안한 분위기 속에서 책을 접할 수 있게 하자. 즐겁게 책 읽는 습관을 들이고 싶은 부모라면 이렇게 해보자.

첫 번째, 책을 읽어주는 부모가 되자. 책을 읽어주면 아이들은 부모와 정서적인 교감을 나누고, 함께 있다는 심리적인 안정감을 갖게 된다. 미국 소아과학회의 연구 결과에 따르면 책을 읽어주는 소리는 아이의 두뇌를 자극해 새로운 세포 형성을 촉진시키며, 심리적인 안정감은 안정적인 신체 발달과 면역력까지 높여준다고 한다. 특히 아빠가 책을 읽어주면 호기심과 흥미를 더욱 키울 수 있다. 엄마들은 보통 책에 있는 내용을 또박또박 읽어주지만 아빠들은 같은 내용이라도 자신의 경험을 비추어 훨씬 생동감 있게 전달하기도 한다. 예를 들어, '사자는 쥐를 구해주었습니다'라는 이야기를 읽어주더라도 "너 실제로 보면 사자가 얼마나 사나운지 아니? 그래도 초원을 달리는 것을 보면… 카~ 정말 이렇게 멋진 동물이 있을까 싶어. 아빠도 어릴 때 무서워하기는 했지만 사자를 제일 좋아했단 말이지"
라며 자신의 경험과 느낌을 곁들여 생생하고 흥미롭게 설명하
니 아이들의 호기심을 더 자극할 수 있고, 그와 관련된 다양한
배경지식도 전해줄 수 있다.

 이렇게 재미있는 이야기로 쌓은 지식들은 뇌리에 강하게 박
혀 잘 잊어버리지도 않는다. 아이의 흥미를 높이기 위해 음성
으로 책 내용을 녹음해서 들려주는 것도 좋은 방법이다. 나는
딸아이가 6살 즈음에 책 내용을 녹음해서 들려준 적이 있는
데, 말의 느낌과 캐릭터의 대화를 생생하게 살려서 읽어주었더
니 딸도 책을 가져와 엄마의 목소리를 흉내 내기도 하고 스스
로 캐릭터와 어울리는 목소리를 만들어내기도 하면서 생동감
넘치게 책을 읽는 게 아닌가. 조금은 더듬더듬 읽었던 아이가
녹음된 엄마의 자연스러운 말투를 흉내 내면서 금세 안정적인
속도로 전보다 훨씬 명확하게 읽어 깜짝 놀란 적이 있다.

 그렇다면 몇 살까지 책을 읽어주는 것이 좋을까? 이는 많은
부모들이 궁금해하는 질문이기도 한데, 혼자 읽을 수 있는 아
이들뿐만 아니라 전 학년에 이르기까지 가능하다면 꾸준히 읽
어주는 것이 좋다. 다양한 연구를 통해 책 읽어주기의 긍정적
인 효과들이 증명되었는데 대표적인 것이 구어(口語)와 문어(文

語)를 모두 잘 습득하게 해준다는 것이다. 보통 책이나 인쇄물에서 볼 수 있는 문어는 복잡하게 구성돼 있으면서도 문법적이고 표준어가 많이 사용된다. 따라서 책을 읽어주면서 대화하게 되면 아이는 살아 있는 일상어도 들으면서 문법적이고 풍부한 표현들이 담겨져 있는 문어도 함께 접하게 되어, 한층 풍부하고 비옥한 언어의 토양을 다질 수 있게 된다.

또한 전문가들은 읽기와 듣기 수준은 차이를 보이다가 중학교 2학년 무렵에 같아진다고 하는데, 〈코스비 가족〉이라는 시트콤을 아이들에게 보여주었던 한 연구를 통해 읽어주기의 효과를 보여준 적이 있다. 초등학교 1학년 학생들 중에 이 원고를 읽고 이해할 수 있는 경우가 거의 없었지만 배우들이 연기를 했을 때, 즉 읽어주었을 때에는 내용을 이해할 수 있었다고 한다. 결국 읽어서는 이해하기 어려운 수준 높은 글도 대사를 통해 들려주거나 읽어주면 더 쉽게 이해할 수 있다는 것이다.

두 번째, 아이가 좋아하는 책이라면 몇 번이라도 **반복**해서 읽어주자. "엄마, 《빨간 모자》 책 어디 갔어?" 같은 책을 계속 읽어달라고 할 때면 곤혹스럽다는 엄마들이 있다. 하지만 아이가 원한다면 읽어주고, 또 읽어주자. 그만큼 그 책에 푹 빠져 있다는 얘기이기 때문이다. 엄마는 조금 지루하더라도 아이는 듣고 또 들어도 행복하기만 하다. 아이들은 어떤 날은 스토리에 집중하기도 하고, 또 어떤 날은 그림에 주목해 상상의 나래를 펼치기도 한다. 또 책 속의 등장인물과 가까워졌다고 느끼게 되면 친구처럼 친근한 마음으로 말을 건네며 자신이 스토리 속의 주인공이 되기도 한다. 착한 인물과 자신을 동일시해서 도덕성을 배우기도 하고 주인공의 성취 과정을 보면서 자신감과 자존감을 키울 수도 있다. 하나의 책을 여러 번 읽어도 아이들은 많은 것들을 배우고 공감하고 성장하며 다양한 감수성을 키워나갈 수 있다.

마지막으로, 책을 통해 즐거운 상상의 세계로 초대하자. 유대인 엄마들은 아이가 돌이 지나면, 매일 밤 잠자리에 들기 전에 베드 사이드 스토리(bed side story)를 들려준다. 아이가 골라온 책을 잠들기 전까지 읽어주고 "그다음은 어떻게 됐는지 내일 읽어줄게"라고 하면서 궁금증을 유발시키고 다음 이야기에 대한 상상력을 키울 수 있게 한다. 위대한 문학가 괴테도 자신의 문학적 역량을 키울 수 있었던 원동력으로 '베갯머리 교육'을 들었다. 괴테의 어머니는 잠들기 전에 전래동화를 들려주면서 결말을 알려주지 않고 어린 괴테에게 완성해보라고 했는데, 이런 과정을 통해 괴테는 상상력을 키울 수 있었고 위대한 문학가로 성장할 수 있었다고 한다.

잊지 말자. 책 읽어주는 부모가 풍부한 표현력과 어휘력, 깊은 감수성과 상상력이 풍부한 아이, 무엇보다 책과 사랑에 빠지는 아이로 키운다는 사실을.

가족 독서의 힘

_____ 새 옷을 사줘도 시큰둥한 초등학생 아들이 눈을 반짝이며 달려올 때가 있다. "엄마, 이거 뭐야?" 바로 새로운 책을 발견했을 때다. 장난감에만 온 관심을 집중했던 아들이 어떤 일을 계기로 서서히 책과 친구가 되기 시작했다. 그 일생일대의 사건은 바로 'TV 없애기'다. 말을 늦게 시작한 데다 독해능력도 빠르지 않았던 탓에 책 읽기는 '이해하기 어려운 글자 읽기'쯤으로 여기며 좋아하는 과학책 말고는 자주 펼쳐보지 않았었는데, TV를 싹 치우고 나니 초등학생이 되어서 어느덧 분야를 막론한 여러 책들과 절친이 되어버린 게 아닌가. 처음에는 할 일이 없어서 슬쩍 넘겨봤던 책이지만 한번 책장을 넘기니 재미있는 그림이 나오고, 또 다른 책을 스르륵 뒤져

봤더니 궁금한 사진들이 나오니 호기심 덩어리인 아들에게 책은 그때부터 궁금한 미지의 세계가 되었고 알고 싶은 탐험의 영역이 되었고 지금은 호기심의 바닷속을 마음껏 헤엄쳐 다니는 행복한 독서광이 되었다.

부모들을 만나보면 "우리 아이는 집에 오면 하루 종일 TV만 보고 거의 넋을 잃고 살아요. 한번 TV를 보면 엄마가 부르는 소리도 못 듣고 책 한 장 안 읽어요"라며 걱정하는 경우가 많다. 그렇다면 과감히 TV부터 치워보자. TV가 멀어지는 만큼 책은 가까워진다. 없애는 것이 쉽지 않다면 안방으로 옮기거나 눈에 잘 띄지 않도록 방 하나를 정해서 옮겨놓고 '하루에 몇 분' 규칙을 정하고 지키게 함으로써 TV 노출 시간을 서서히 줄여보자. 아이가 함께 룰을 정하고 이를 완수했을 경우에는 칭찬과 함께 적절한 보상을 주는 것도 좋다. 처음에는 일주일, 다음에는 2주일, 한 달 식으로 TV를 보지 않는 기간을 점차 늘려가며 임무 완수를 했을 때마다 칭찬 스티커를 붙여주는 것이다. 어린 아이들만 하는 유치한 방법이다 싶어 실행하지 않았었는데 초등학생 아들이 칭찬 스티커를 붙이겠다는 일념으로 약속을 잘 지키는 모습을 보면서 '제대로 효과를 봤구나' 싶었던 적이 있다.

이때, "네가 스스로 결심한 것을 잘 지켰으니 엄마도 약속을 지켜야지"라는 말을 하며 스스로 정한 규칙을 지켰을 때 평소에 갖고 싶었던 학용품이나 간식을 사주면서 작은 보상을 해 준다면 인정받는 기쁨을 느낄 수 있어 더 효과가 크다. 일정 기간 어떤 행동을 반복하고 그 과정에서 즐거운 경험을 하면 그것이 좋은 습관으로 자리 잡게 되는 경우가 많다.

하지만 보상보다 더 중요한 것은 부모가 먼저 책을 읽는 것이다. 교육경쟁력 1위인 나라 핀란드는 국제 학업성취도에서 우리나라와 나란히 상위권을 차지하고 있는데, 우리보다 더 적게 공부하고 시험도 적게 보면서 좋은 성적을 내고 있다는 면에서 '웃으면서' 공부하는 나라와 '울면서' 공부하는 나라로 두 나라를 비교한 사람도 있다. 치열하게 경쟁하는 우리나라의 교육과는 달리 핀란드는 최소한의 것을 가르치는 것처럼 보이지만 가정과 사회, 학교 모든 곳에서 독서가 활발하게 이루어지고 자연스러운 토론을 통해 많은 것을 배울 수 있는 환경이 마련돼 있다. 부모는 물론, 할머니, 할아버지도 늘 책을 읽고 있으니 아이들도 이를 일상으로 여기게 되고 책을 주제로 한 대화도 화기애애하게 이뤄진다. 결국, 책상 앞이 아니라 가정 속에서 자연스럽게 자리 잡은 독서문화가 아이들의 창의성과 통찰력을 비롯한 다양한 역량을 차곡차곡 쌓을 수 있게 했고, 이것이 교육경쟁력으로 이어질 수 있었던 것이다.

소문난 명문가나 세계적인 인물들도 부모에게 독서습관을 물려받은 경우가 많다. 영국 케임브리지대학 최초로 형제 교수인 장하준, 장하석 교수를 탄생시킨 아버지 장재식 전 산업자원부 장관은 두 아들에게 집 안에서 밑줄을 그어가며 열심히 책 읽는 모습을 보여주었다고 한다. 장하준 교수는 이를 두고 "계속 공부하고 탐구하는 습관을 길러주신 것 같다"고 말하기도 했는데, 결국 부모가 역할 모델이 되어 아들을 세계적인 학자로 키울 수 있었던 것이다.

수능 만점자 혜원 학생은 다독가인 부모님의 영향을 받아 책에 푹 빠져서 학창 시절을 보냈다고 했다.

"엄마는 지하철을 탈 때면 늘 하나씩 책을 들고 가서 읽으셨고 평소에도 아무리 바빠도 책을 자주 읽으셨어요. 또 자주 도서관을 가시는 엄마를 따라다니면서 어릴 때부터 도서관이나 서점에서 책을 읽을 기회가 많았고요. 아빠도 무협지, 소설, 자기계발서까지 분야를 가리지 않고 많이 읽으셨는데, 그 영향 때문인지 저도 정말 다양한 책을 읽었고 부모님이 먼저 읽고 추천해주신 책을 읽고 나서는 책 내용이나 느낀 점을 함께 이야기하면서 작가나 작품 속에 더 깊이 빠질 수 있었던 것 같아요. 초등학교 때에는 거실과 방, 베란다까지 책으로 가득 차 있었어요. 어딜 가나 책을 접할 수 있었던 분위기 때문에 항상 손에서 책을 놓지 않았었는데 그래서인지 국어와 영어는 교과 공부를 많이 하지 않아도 성적이 잘 나왔고요. 대입에서 면접을 볼 때 책에 대해 물어보는 질문에도 자신 있게 대답할 수 있었습니다."

혜원 학생이 말했듯이 집을 책 놀이터로 만들어보는 것도 즐겁게 책 읽는 습관을 만들 수 있는 방법이다. 나는 책에 대한 관심을 끌기 위해 아이가 앉아 있는 소파와 거실, 방까지 겉표지의 그림이 흥미롭거나 아이가 좋아하는 분야의 책들을 몇 개씩 늘어놓곤 했다. 새를 보고 관심을 가졌던 날에는 새와 관련된 책을, 친구와 다퉈서 속상한 날에는 친구와 화해하는 아이의 이야기를 담은 책을 아이가 발견하기 쉬운 곳곳에 슬쩍 던져놓기도 했다. "이게 뭐야?"라면서 책을 슬쩍 집은 아이가 자신이 관심이 있는 그림과 사진, 내용을 보면서 한 장, 두 장, 책장을 넘겨보다가 더 관심을 보이면 흥미를 유발해 읽어주기도 했다. 실제로는 엄마가 골라주는 책이지만 아이 입장에서는 스스로 선택한 책이니 엄마도 아이도 만족스럽다.

책을 종류별로 책장에 가지런하게 정리해야만 직성이 풀리는 엄마들이 있는데, 책을 장난감처럼, 집을 책 놀이터처럼 만들어서 늘 편하게 가지고 놀 수 있도록 해야 한다. 세게 넘기면 책이 찢어지거나 구겨질 수도 있다는 걱정도 버리자. 편안하게 책을 읽을 수 있게 하고 장난감 삼아 마음껏 가지고 놀 수 있게 해야 한다. 차곡차곡 쌓아 집을 만들고 기찻길을 만들더라도 너그럽게 지켜보면서 아이가 늘 책을 접하고 만지고 넘겨볼 수 있는 환경을 만들어주자. 자주 보고 많이 놀았던 친구와 가장 친해지듯이 책도 그렇게 편안하게 느껴져야 늘 손에서 놓지 않는 친구가 될 수 있음을 명심하자.

④
예술적 재능을 길러주는 창의적 습관

새로운 것을 창조하는 힘, 메이커 교육

'메이커 교육'에 대해 들어봤는가? 메이커 교육은 '무언가를 만드는 기회를 더 많이 가짐으로써 창의력을 키우고 과학과 기술, 엔지니어링, 수학 그리고 예술에 대한 관심을 촉발'시키기 위한 교육이다. 오바마 전 미국 대통령은 매년 백악관에서 메이커 페어를 개최했을 정도로 중요하게 여겼고 전 세계적으로 확대되고 있는 추세다. 메이커 교육이 열풍인 이유는 앞에서도 언급했지만 '창의성'을 높여줄 수 있기 때문이다.

예를 들어, 아이들은 소형 컴퓨터로 물체를 움직이고 3D 프린터로 상상한 작품을 만들어볼 때, 무엇을 만들든 스스로 주제와 재료를 결정하고 완성해나가는 과정들을 직접 구상하고 경험한다. 실패했을 경우에는 시행착오를 극복해나가는 방법을 찾는 과정을 통해서도 창의성을 키울 수 있다. 그런데 이처럼 창의성을 향상시키는 과정에서 중요한 감각이 있다. 다른 사람과 다르게 바라보고 해석해 의미를 부여할 수 있는 감각, 바로 '예술적 감수성'이다.

스티브 잡스는 첨단기술에 예술적 감각을 접목한 아이폰을 개발해 혁신의 아이콘이 되었다. 《스티브 잡스 I said》라는 책에는 그가 사람들의 마음을 사로잡을 수 있는 제품을 만들기 위해 얼마나 예술적 감수성을 중요하게 여겼는지 드러나는 대목이 있다.

"할 수 있는 한 최고의 제품을 만들고 싶습니다. 목수가 아름다운 서랍장을 만들 때 '아무도 보지 못할 테니 벽 쪽을 향하는 서랍장 뒷면은 합판을 사용하자!'라고 하지는 않을 것입니다. 제대로 된 서랍장을 만들기 위해서는 뒷면도 아름다운 나무를 사용해야 한다는 것을 당신도 잘 알고 있습니다. 발을

뻔고 자기 위해서, 우리는 미학적으로나 품질적으로 제품 전체의 완벽성을 끝까지 추구해야 합니다."

그렇다면 예술적 감각을 기르면서 창의성을 높일 수 있는 방법은 무엇일까? 가장 쉽게 접할 수 있는 분야가 바로, 아이들이 글보다 먼저 배우는 미술일 것이다. 그렇다면 미술을 통한 창의성은 어떻게 길러줄 수 있을까?

미술은 종합학문!
미술에 한정시켜 가르치지 않는다

곱게 한복을 입고 한껏 치장한 채로 방 안에 쪼그리고 앉아서 게걸스럽게 라면을 먹는 여성. 오천 원짜리 커피를 마시면서 천 원짜리 라면을 먹는 현대인의 이중성을 풍자하고 있는 한국화가 김현정 작가의 작품이다. 동양화에서는 다뤄지지 않았던 내숭이라는 신선한 소재를 통해 한복을 입고 오토바이를 타고, 하이힐을 신고, 포켓볼을 치는 유쾌한 모습들을 선보이며 대중의 공감을 이끌어냈다. 자신이 직접 그림의 모델이 되는 독특한 작업 방식으로도 큰 관심을 모으기도 했다. 그리고 이런 독창성을 장점으로 20대에 뉴욕 메트로

폴리탄 미술관에서 한국인으로서 최연소 개인전을 열기도 했다. 그녀의 작품과 작가로서 활동하는 모습을 보면 '예술적 창의성이 주는 즐거움과 매력이 이런 것이구나' 하고 깊이 느낄 수 있다.

그렇다면 이러한 예술적 창의성은 어떻게 길러질 수 있었던 것인지 궁금했던 나는 김현정 작가와 어머니를 찾아갔다. 그리고 미술교육의 올바른 방향성이 무엇인지 생각해 볼 수 있는 소중한 조언들을 들을 수 있었다. 어머니 김혜숙 씨의 말 중에서도 "미술적 재능을 키워주기 위해 일상에서 자연스럽게 노력했지만 어린 시절부터 미술에 한정시켜 교육시키지는 않았다"라는 말이 가장 기억에 남았다.

"미술에 두각을 나타내기 시작한 초등학교 5학년 때부터 본격적으로 미술을 시키기 시작했는데 미술에 한정지어서 교육시키지는 않았고 과학, 글쓰기, 음악 등 다양한 교육을 시켰어요. 종합학문의 성격을 띠는 학문이 미술이라고 판단했거든요. 그래서 다방면으로 아이가 좋아하는 분야라면 배울 수 있도록 해주었습니다. 교과서 말고도 늘 다양한 글을 읽을 수 있도록 신문도 구독했는데 흥미를 보이지 않을 때에는 바로 읽게 하지 않았고, 나중에라도 꼭 읽었으면 좋겠다고 판단되는 정보들은 잡지나 신문에서 스크랩해서 책상 위에 올려두곤 했죠. 중요한 것은 질리지 않도록 기다려주는 겁니다. 다양한 것을 접하게 하면서 자연스레 관심을 가질 때까지 기다려주었어요."

미술은 '잘 그리고 잘 만드는 것'으로 생각해 테크닉 가르치기에 집중하는 부모들이 많은데 오히려 다양한 감각과 경험을 하게 해주는 것이 중요하다는 말을 들을 수 있었다. 딸을 화가로 키운 선배 어머니로서의 경험을 살려, 그림에 대한 진정한 재능 발견은 오히려 초등학교 고학년 때에 나타날 수도 있으니 너무 일찍 미술 재능을 키워주려다 오히려 아이에게 부담을 주지 않았으면 한다고 했다.

"요즘 부모들은 너무 일찍부터 미술 재능이 '있다, 없다'를 판단하기도 하는데, 아이를 키워보니 재능 발견은 초등학교 고학년 정도는 되어야 제대로 할 수 있다고 봅니다. 현재의 재능만 생각하기보다 '좋다, 싫다'는 의사표현을 좀 더 명확히 할 수 있을 때 진짜 재능이 보이더라고요. 오히려 아이에게 꾸준히 다양한 기회를 접할 수 있는 환경을 만들어주고 기다려줬으면 합니다."

단지 그림 실력을 키워주기보다 유아 시절부터 미적 감각을 키울 수 있는 환경을 꾸준히 만들어주었다고 했다.

"5살 때부터 미술관에 자주 가고 그림책도 많이 읽어줬어요. 늘 예쁜 모습으로 있도록 해줬고요. 옷도 예쁘고 단정하게 입히고 머리도 예쁘게 묶어주었거든요. 다방면으로 아이가 좋아하는 것을 배우게 하면서도 일상생활에서 그림이나 예술에 친숙하게 해주었고 평소에 아름다운 것들을 많이 보여주었던 것이 고학년 때 미술적인 재능으로 발휘되었던 것 같아요."

요즘 부모들은 크레파스를 쥘 힘만 생겨도 유명한 학원을 찾느라 바쁘다. "손을 많이 움직여야 두뇌 발달에 좋다고 하니까 일찍 시킬수록 좋은 것 같아요", "초등학교에 들어가면 그리기랑 만들기 숙제를 버거워하는 경우가 많잖아요. 미술 실력은 단기간에 늘 수 없으니까 유치원 다닐 때 미리 학원을 보내야 나중에 부담이 없죠." 전문가들은 아동의 미술활동의 목적에 대해 "자신의 잠재능력을 표출함으로써 스스로 창조하는 능력을 계발시키는 것"이라고 말하고 있다. 그리고 또 하나 "창조의 과정을 통해 성취감과 행복을 느끼는 과정"이라고도 했다. 이처럼 미술은 1등을 시키겠다는 목표보다는 아이가 스스로 즐길 수 있는 환경을 만들어주어야만 미적 감각을 마음껏 키울 수 있다.

미술은 아이들이 가진 모든 것을 자유롭게 표현할 수 있는 창구이기 때문에 언어가 완전히 발달하지 않은 어린 시절부터 부모와 소통하고 자신을 표현하는 데 익숙한 아이로 자랄 수 있는 환경을 만들어주는 것이 좋다. "얼굴은 더 크게 그리는 건 어떨까?", "여긴 더 밝은 색으로 칠해주는 건 어떨까"라는 식으로 잘 그려진 형태나 테크닉을 키워주는 데 집중하게 되면 마음껏 상상력을 펼치고 표현할 수 있는 창의성은 사그라들 수밖에 없다. 미술을 가르치려면 테크닉을 알려주기보다 부모가 아이 옆에 함께 스케치북을 펼쳐놓고 크레파스를 쥐어보자. 이때 아이의 수준에 맞춰주면 아이는 자신감을 얻어 더 마음껏 상상하고 재미있는 그림으로 표현할 수 있다. 그리고 잠시라도 자연 속에서 꽃과 풀, 새를 함께 바라보고 즐거운 경험과 느낌을 공유하고 대화하는 것도 좋다. 행복감을 느끼면서 그러한 감정을 표출하는 것이 자신을 표현하는 진정한 예술의 시작이며, 이런 노력으로부터 창의성도 한 뼘 더 성장할 수 있는 것이다.

미술관을
함께 가는 부모

　　　　　　　　김현정 작가의 어머니는 평소에 창의성을 길러주어야겠다는 생각을 가지고 별도의 교육을 시키지는 않았지만, 늘 딸이 새로운 것을 접할 수 있는 환경을 만들어주었고 이런 노력들이 자연스레 창의성을 키워준 것 같다고 했다. 그 노력 가운데 하나가 바로 '미술관 관람'이었다. 김현정 작가는 해외 수십 개국을 여행하면서 미술관을 들렀던 경험이 독창적인 작품을 선보일 수 있었던 원동력이 됐다고 했다.

　"아버지까지 휴가를 내어서 가족이 함께 많은 나라를 여행했는데 그때마다 들렀던 곳이 미술관과 박물관이었어요. 미술은 그 나라의 문화이기도 하면서 사람들의 생각과 정신을 보여주는 예술이기도 합니다. 그래서 이때 느꼈던 새로운 경험과 감동이 미술적 자양분이 되었던 것 같고요. 새로운 작품을 만들고 싶다는 갈증으로 이어졌던 것 같습니다."

　예술적 감성을 지닌 혁신가, 스티브 잡스도 낯선 곳에 여행 가는 것을 좋아했고 미술관과 박물관을 즐겨 찾았다고 한다. 특히 영국의 시인이자 화가인 윌리엄 블레이크의 작품을 보면서 혁신을 추구했고, 결국 과학과 인문학의 통찰을 산업에 접목시킴으로써 세상을 변화시킬 수 있었다. 세계인을 하나로 묶는 혁신적인 아이템, 페이스북을 만든 마크 저커버그의 어머니도 시간이 날 때마다 미술관과 박물관을 함께 갔고 르네상스의 미술과 시, 고전도 접할 수 있게 해주었다고 한다. 아들이 '컴퓨터만 아는 괴짜'가 되지 않길 바랐던 어머니는 예술적 감성을 통해 넓은 세상을 바라보고 다양한 사람들을 이해할 수 있는 사람이 되길 바랐던 것이다.

미술교육은 그리고 만드는 행위만을 의미하지는 않는다. 예술가들의 작품을 감상하면서 아름다움을 마음으로 느끼는 것도 도움이 된다. 영국과 같은 선진국에서는 100여 년 전부터 미술관 학습을 교과수업으로 인정하고 있고, 해외의 유명한 미술관은 자신들의 소장품을 유치원부터 고등학교까지의 교과과정과 연계해 다양한 학습 프로그램을 만들어놓고 있다. 예전 국내 미술관들에서는 학생들의 숙제를 위한 의무적인 관람이 많았지만, 최근에는 가족이 함께 즐기는 공간으로 변신하는 곳들이 늘면서 자녀와 손잡고 함께 찾는 부모들도 많이 눈에 띈다. 서울시립미술관에서는 다양한 분관을 통해 어린이 미술 교육프로그램을 운영하고, 어린이 갤러리와 놀이 공간을 배치해 아이들이 미술관을 즐거운 놀이 공간으로 친근하게 여길 수 있도록 유도하고 있다. 여기에 야외 전시 공간을 공원처럼 자연친화적인 곳으로 꾸며놓은 미술관들도 많다.

미술이 아직 어렵게 느껴지는 아이라면, 과학관이나 생태학습장, 박물관도 좋다. 국립중앙박물관과 같은 공립 박물관에는 무료 전시 프로그램이 운영되고 있고, 전시 안내를 해주는 도슨트의 설명을 들으면서 다양한 역사적 내용들을 쉽게 이해할 수 있다. 역사에 좀 더 관심이 깊은 아이라면, 봉사활동도 겸할 수 있는 어린이 도슨트 모집에 도전해 어린이들의 눈높이에 맞는 전시 설명을 하는 현장체험으로 경험을 쌓아보는 것도 좋은 기회가 될 것이다. 아이가 보고 느끼는 모든 것이 새로운 영감이 될 수 있다는 사실을 기억하자.

**창의적인 부모가
창의적인 아이를 만든다**

〈트랜스포머〉, 〈인디아나 존스〉, 〈쥬라기 공원〉, 〈이티〉까지 창의적 렌즈를 통해 세상을 해석하는 남자가 있다. 그의 남다른 시각과 상상력을 보면 늘 놀라움과 감동을 느끼곤 하는데, 그는 바로 인간의 상상력을 총동원한 수백 편의 영화를 기획하고 연출해온 세계적인 영화 제작자 스티븐 스필버그다. 그의 어머니 레아는 아들에게 새로운 경험을 할 수 있는 환경을 만들어주기 위해 많은 노력을 기울였다고 한다. 클래식 피아니스트였던 어머니는 '남보다 잘하는' 아이가 아닌 '남과는 다른' 아이로 키우기 위해 많은 노력을 기울였는데, 특히 아들의 호기심을 독창적인 사고와 예술적 재능으로 꽃피울 수 있도록 아낌없이 지원해주었다고 한다.

컴퓨터 설계사이자 전기 기술자였던 아버지로 인해 집 안에는 언제나 각종 컴퓨터 기기들이 가득했는데, 그 덕에 스티븐 스필버그는 테크놀로지에 깊은 관심을 가지게 됐고 음악을 사랑한 어머니의 영향으로 감성과 상상력도 키울 수 있었다. 또한 그의 부모는 영화를 찍고 싶어 하는 아들을 위해 사막은 물론 아들이 촬영을 원하는 곳이라면 어디든지 데려가 주었고, 어린 아들이 찍는 영화에 배우로 출연하기도 했다고 한다. 그런가 하면 아들의 영화 작업을 위해 새로 설치된 부엌의 수납장을 부수는 것도 마다하지 않았다고 한다. 남다른 생각을 하고 창조하길 좋아하는 아들의 특성에 맞춰 새롭고 창의적인 교육환경을 만들어준 것이다. 그런 부모 덕에 어린 시절부터 스티븐 스필버그의 삶은 영화감독 그 자체가 될 수 있었다.

스티븐 스필버그의 어머니는 훗날 자녀교육에 성공한 비결을 묻자 이렇게 답했다고 한다.

"제가 자녀교육에 성공한 것은 내 안의 어린아이를 잃어버리지 않았기 때문입니다."

이처럼 아이에게 동심을 심어주고 싶다면 부모가 먼저 어린아이의 시각과 순수한 마음을 잃지 말아야 하며, 창의적인 아이로 키우고 싶다면 부모가 창의적인 생각과 행동을 보여주어야 할 것이다. 그렇다면 이쯤에서 궁금해지는 것이 있을 것이다. 과연 어떤 사람이 창의적인 사람일까? 창의성 교육 전문가인 문정화 박사는《내 아이를 위한 창의성 코칭》이라는 책에서 창의적인 사람들의 일반적인 특징을 소개했는데, 몇 가지를 소개하면 다음과 같다.

〈창의적인 사람들의 일반적인 특징〉
- 경험에 개방적이다.
- 위험에 도전적이다.
- 실험을 즐긴다.
- 감성적이다.
- 일을 향한 에너지가 풍부하다.

- 주장이 강하다.
- 상상력이 풍부하다.
- 관습에 얽매이지 않는다.
- 장난기가 있고 어린아이 같다.

그렇다면 우리 아이가 얼마나 창의적인 아이인지는 어떻게 진단할 수 있을까? 문정화 박사는 아이의 행동을 잘 관찰하면 얼마나 창의적인 능력을 가지고 있는지 알 수 있다고 하면서 창의적인 아이들의 특징을 다음과 같이 소개했다.

〈창의적인 아이들의 행동 특성〉

- 질문이 많다.
- 침착하지 못하고 주위가 산만한 경우가 있다.
  (새로운 아이디어나 재미있는 생각을 이야기하고 싶어서 참을 수가 없다.)
- 어휘 표현 수준이 높고 자유롭다.
- 유머 감각이 뛰어나다.
- 호기심이 많다.
- 틀에 박힌 것을 싫어한다.

- 물건을 일반적으로 생각할 수 없는 방법으로 활용한다.
- 아이디어가 풍부하다.
- 실수를 두려워하지 않고 모험을 즐긴다.
- 앞뒤가 맞지 않는 모순된 일에 민감하다.
- 독특한 생각을 한다.
- 사물을 결합하거나 변형하는 융통성이 있다.

창의성은 거창하고 아주 특별한 순간만을 말하지는 않는다. 아이의 작지만 독특한 생각과 남과는 조금 다르고 틀에 박히지 않은 행동들이 창의성이 꽃피워지는 순간들이다.

아들 혜준이는 어린이집을 다니던 4살 무렵부터 행동과 발달 능력에 대한 평가에 '창의적이다'라는 말이 늘 따라다녔다. 한번은 유치원 선생님이 혜준이가 만든 작품이 창의적이라면서 칭찬을 해주셨다. "아이들에게 책상을 그려보라고 했어요. 책상의 기능을 설명해주려고 한 것인데 혜준이는 책상을 그리더니 혼자 가위로 자르더라고요. 그러더니 책상 다리를 세워서 종이로 책상을 금세 만들어버렸어요. 혜준이 덕에 훨씬 재미있고 쉽게 수업을 할 수 있었어요." 부모는 이런 순간들을 잘 발견해야 한다. 일상생활 속에서 발견하는 눈을 기르는 것도 중요하지만, 아이들은 부모가 보지 않는 순간, 친구나 주변 사람들과 어우러지는 순간, 새로운 관계와 다양한 상황에서 예기치 않게 창의성을 발현하기도 한다. 따라서 평소 어린이집이나 유치원, 학교 선생님으로부터 아이가 보였던 행동들을 듣고 파악하는 것도 도움이 된다.

예술적 재능은 끈기와 인내로 커진다

독일의 철학자 니체는 위인들의 모든 성취가 열정적 진득함, 즉 부단한 노력의 결과임에도 불구하고 많은 사람들이 그들의 노력보다 선천적 재능에 집중하는 모습을 한탄하며 이렇게 말했다.

"아무도 예술가의 작품 속에서 그것이 완성되기까지의 '과정'은 보지 못한다. 그편이 낫기도 하다. 완성되는 과정을 보게 되는 경우, 사람들은 언제나 주눅 들기 때문이다."

아무리 좋은 칼도 자주 갈아주는 노력이 없으면 날카로움을 잃고 제 기능을 하지 못하는 것처럼 타고난 재능도 중요하지만 하나의 작품을 창조하기까지 끈기와 인내가 없다면 수작은 완성될 수 없다. 창조의 과정은 그만큼 고된 인내의 과정을 겪어야 하기 때문에 '스스로 좋아해서 도전'하고 '노력'해나갈 수 있는 저력이 있어야 한다. 앞서 소개했던 김현정 작가는 화가로 성공하기 위해 아이들에게 어린 시절부터 길러줘야 할 것으로 '지구력'과 '무언가에 몰입해 좋아하는 마음'을 꼽았다.

"화가가 되려면 무엇보다 중요한 점은 좋아하는 마음이에요. 어떤 분야든 하다 보면 어려운 순간들이 오기 마련이잖아요. 그런데 좋아하는 마음만 있다면 이겨낼 수 있다고 생각해요. 오히려 체력을 길러 지구력을 향상시키는 것이 중요하다고 생각합니다."

끈기와 인내는 다른 예술적 역량을 키우는 데 있어서도 매우 중요하다. 천재 과학자 아인슈타인은 어린 시절 늦게까지 말을 잘 하지 못해서 의사표현이 서툴렀고 화가 나면 난폭해질 때가 많았는데, 피아니스트였던 어머니는 이런 아들을 정서적으로 안정시키기 위해 바이올린을 가르치기 시작했다. 처음에는 반복적으로 연습하는 것이 싫어서 바이올린을 싫어했지만 훗날 음악은 놀라운 업적을 이루게 했다. 그는 "상대성 이론은 나의 직감에서 나왔고, 그 직감은 바로 음악에서 나왔다. 음악은 내가 어려운 문제를 만날 때마다 버티게 도와주었다"라고 하면서 음악을 자신의 끈기와 지구력의 원천으로 꼽았다. 박남예 음악감독은《악기를 배우는 아이는 왜 공부도 잘할까?》라는 책에서 "악기를 하나 배우기 위해서는 끊임없이 연습을 반복해야 한다. 그리고 몸에 체득된 끈기는 본격적인 학습과정에 들어갔을 때 그 진가를 발휘하게 된다"고 했다. 악기를 배우면서도 길러질 수 있는 인내와 끈기가 다른 영역으로도 이어지면서 큰 효과를 발휘할 수 있다는 점을 알려주고 있다.

김현정 작가도 그림과의 끝없는 싸움 속에서 응원과 격려를 아끼지 않았던 부모님을 생각하며 힘든 미술 입시도 잘 치러내고 희망하던 대학에도 합격할 수 있었다고 했다.

"학창시절에 시험을 보고 나면 부모님은 항상 한 가지를 물어보셨어요. '최선을 다한 거니?' 그러면 솔직하게 말했죠. 어떤 과목은 열심히 했고, 또 어떤 건 부족했다고요. 그러면 '최선을 다했으면 됐다. 부족한 건 다음에 더 노력해서 최선을 다하면 되는 거야'라고 말씀하셨어요. 늘 '엄마, 아빠는 언제 어디에서나 네 팬이야'라며 응원도 해주셨고요. 그런 부모님 덕에 언제나 자신감을 가지고 무엇이든지 최선을 다해 두드리면 열릴 거라는 믿음을 잃지 않았습니다."

⑤ 도전하는 아이로 키우는
열성적인 부모의 태도

**인품 좋은 부모가
진정성 있는 아이를 키운다**

     리우 올림픽에서 반가운 소식이 전해졌다. 우리나라 올림픽 선수 출신의 후보가 국제올림픽위원회의 스포츠 대통령으로 불리는 IOC 선수위원에 당선됐다는 소식이있다. 그 주인공은 14살이던 1996년에 태극마크를 달고 탁구 코트를 누볐고 2004년 아테네 올림픽에서는 탁구 금메달을 땄던 유승민이다. IOC 선수위원이 되기 위해서는 전 세계의 쟁쟁한 스포츠 스타들과 경쟁해 올림픽 참가 선수들의 표를 얻어야 하기 때문에 당선 소식에 많은 이들이 기적이라고 말했다. 사람들이 더 주목했던 것은 이것이 악착같이 발로 만든 기적이었다는 점이다. 유승민 위원은 27일간 매일 10km씩 270km 이상을 걸으며 선수촌을 돌았는데 단단하던 발바닥에 물집이 잡혀서 걷기 힘들 정도의 강행군이었지만 선수들을 만날 때마다 "굿모닝!", "굿 럭!"이라고 하면서 밝게 인사를 건넸다고 한다. 이 힘든 유세 과정을 버티게 해주었던 것은 선수 시절부터 몸에 뱄던 '하나만 더! 한 번만 더!' 정신이었다고 한다. 《대학》에 심성구지(心誠求之)라는 말이 있다. '마음을 다하면 꿈은 이루어진다'는 뜻이다. 처음에 선수들의 열에 아홉은 유승민 위원의 인사를 잘 받지 않았지만 그는 심성구지의 열정과 진정성으로 외국 선수들의 마음을 움직였고 결국 IOC 위원에 당선될 수 있었다.

유승민 위원의 당선 스토리를 보면서 진정성이야말로 각박해져가는 요즘 세상에서 정말 필요한 마음의 힘이라는 생각이 들었다. 요즘 부모가 많이 걱정하는 부분 가운데 하나는 인성 문제다. "우리 딸은 외동이라서 자기밖에 몰라서 걱정이에요"라며 내 아이를 걱정하는 부모들이 있는가 하면 다른 아이의 성격을 탓하는 부모들도 있다. "아들이 다니는 초등학교에 문제아가 있는데 걸핏하면 시비를 걸고 주먹이 먼저 나온다더라고요. 친구들의 기분은 생각하지도 않는 아이라서 친구들 사이에서도 원성이 자자해요. 그런데 엄마는 전혀 신경을 안 쓰는 눈치더라고요." 또래 아이들과 놀이를 통해 사회성을 연습하며 단단해져가는 유아기를 지나 초등학교에 들어서면서는 더 체계적인 사회성과 도덕성, 정서적 발달을 이루게 된다. 따라서 이 시기에는 친구들에게 비속어를 쓰거나 거짓말을 습관적으로 하는 경우, 또 예의 없는 행동을 바로 잡아주어야 좋은 인성을 가진 아이로 성장할 수 있게 된다.

신의진 교수는 《현명한 부모가 꼭 알아야 할 대화법》에서 "남의 감정을 읽지 못하고 배려하고 맞춰주는 법을 모르는 아이들은 대체로 부모에게 문제가 있을 경우가 많다"고 지적하면서 "'아이 감정에 둔감한 부모'가 사회성이 떨어지고 공격적인 아이를 키운다"고 했다. 그러면서 아이 앞에서 소리를 지르고 화를 내더라도 자신의 불쾌한 기분만 중요하게 생각하는 부모들에게 '감정을 읽는 훈련'을 하게 하는데, 아이에게 화가 날 때나 화를 주체하지 못해서 아이에게 소리를 질렀을 때 아이가 어떤 기분일까를 적어오게 했다고 한다. 그러다 보면 자기 감정을 몰랐던 엄마들도 아이의 기분을 살피면서 배려하는 모습을 보인다는 것이다. 인성 좋은 아이를 키우려면 부모 자신의 모습은 어떠한지 거울처럼 들여다봐야 한다는 교훈을 주는 얘기다. 아니나 다를까, 유승민 위원의 어머니 황강순 씨를 만나보니 따뜻한 말투와 배려심, 넉넉한 정이 있는 분이었다. 인터뷰를 마친 후 칼국수를 사 주시면서 "아무리 바빠도 밥은 꼭 챙겨 드세요"라며 걱정 어린 말을 건네시는 모습을 보니 '인품이 훌륭한 어머니가 계셔서 아들도 인성이 좋은 훌륭한 인물로 키우셨구나'라는 생각이 들었다.

어머니는 아들을 어린 시절부터 남을 배려하고 혼자만 아는 사람으로 크지 않길 바랐고 늘 상대방의 입장을 먼저 생각하라는 이야기를 많이 했다고 한다.

"탁구에 소질을 보여서 초등학교 2학년 때 탁구부가 있는 학교로 전학 가서 6학년 형들과 함께 운동을 했어요. 형들과 나이도 실력도 차이 나는 데다 기가 죽을 수도 있으니까 실력을 높이라는 말은 하지 않았어요. 대신 가만히 서 있지 말고 네가 형들보다 공을 먼저 주워오라고 가르쳤어요. 사람은 함께 사는 거잖아요. 남을 생각하고 사람의 도리를 하게 하는 것, 이런 게 가정교육이죠. 그리고 저도 남편도 항상 어려운 사람을 도와야 한다. 내게 남는 것으로 남을 도우면 안 된다, 그건 누구든지 할 수 있는 일이라는 말을 자주 했어요. 내가 넉넉해서가 아니라 함께 해야 한다는 마음이죠. 그래서인지 늘 본인도 남을 돕고 배려하는 것을 중요하게 생각했던 것 같아요."

솔직하고 진실된 마음으로 상대방을 생각하고 대하는 모습이 바로 '진정성'이다. 결국 세계 선수들의 마음을 움직였던 유승민 위원의 진정성도 바로 어린 시절부터 남을 먼저 생각하고 배려했던 따뜻한 마음의 힘으로부터 길러지지 않았을까?

극성 부모
VS. 열성 부모

'올림픽 금메달은 하늘이 내린다'라는 말이 있을 정도로 전 세계 스포츠인들이 실력을 겨루는 금메달리스트가 되기까지는 그야말로 피 나는 노력이 필요하다. 항상 긴장감 속에서 자신과의 싸움을 이겨내야만 하는 자식의 모습을 보는 부모의 마음도 안타깝다. 특히, 좋은 성적을 내야 한다는 주변의 시선과 과도한 기대감은 큰 부담으로 작용하기 마련이다. 황강순 씨는 아들이 반드시 1등을 지켜야 한다는 마음보다 늘 1등을 하지 못했을 때 힘들어할 마음을 먼저 걱정했다고 한다. 그리곤 자녀가 얻은 결과에 연연하기보다 마음을 먼저 어루만져줄 수 있는 부모가 되려면 극성 부모가 아닌 열성적인 부모가 되어야 한다고 했다.

"극성과 열성은 달라요. **극성은 부모의 도를 넘어서 선생님이나 아이들이 하는 일까지 침투하는 것입니다.** 가끔 선생님들이 제대로 대접받지 못하는 경우가 있잖아요. 부모들이 너무 극성이어서 그런 거예요. **열성은 부모로서의 역할만 하는 것입니다.** 저희 부부는 시합장에는 한 번도 빠지지 않고 갔어요. 숙소는 다르지만 항상 경기할 때 보는 거예요. 경기가 끝나면 저희대로 숙소에 오고 가끔 간식을 챙기는 것 외에는 특별하게 하지 않았습니다. 자주 보지 못해도 중요한 순간에는 빠지지 않았기 때문에 많이 떨어져 있어도 늘 함께 생활하는 것 같은 느낌이 들었어요. 아들도 연습을 하거나 경기가 있을 때 와서 저희가 응원하는 모습을 보면 마음이 안정된다고 하더라고요. 부모가 어쩌다 한 번씩 오면 그날은 오히려 아이들이 부담을 가져서 시합을 못해요. 자주 못 오는 부모들이 선생님께 '우리 아이 잘하고 있나요?' 하고 물어봅니다. 이렇게 해 달라 저렇게 해 달라 요구도 많고요. 아이가 힘들게 노력하는 모습을 보지 못했으니까 몇 등을 했는지 결과에만 관심을 갖게 되는 겁니다."

극성 부모가 아닌 열성적인 부모가 되려면 아이를 믿어주는 마음이 무엇보다 중요하다고 했다. 그러면서 '잔소리를 하지 말 것', 그리고 '아이의 감시자가 되지 말라'는 조언도 했다.

"운동이든 공부든 잘 될 때가 있고 안 될 때가 있어요. 잘 안 될 때는 자꾸 그 일을 끄집어내서 물어보고 확인하려 들면 오히려 역효과가 납니다. 저는 가만히 지켜보고 있다가 서로 기분 좋을 때 이야기를 꺼내곤 했어요. 그러면 기분 좋을 때 속마음을 이야기 하더라고요. 같은 이야기를 계속 하는 건 잔소리일 뿐이에요. 자기 자식이니까 부모들은 눈빛, 행동을 보면 다 알잖아요. 가슴은 그렇게 확인하고 넘어가줄 줄도 알아야 해요. 그런데 요즘 엄마들은 잘하고 있나 못하고 있나 체크를 너무 많이 합니다. 그건 감시입니다. 승민이가 고등학교 때 한번은 책을 잘못 가져갔다는 거예요. 딴 곳에 신경이 팔렸나, 방에서 만화를 보는지 뭘 하는 건지 궁금할 때도 있었지만 '뭐하니?'라는 식으로 물어보지 않았어요. 특히, 공부는 하지 말라고 한다고 하거나 하라고 한다고 하지 않아요. 자기가 하고 싶을 때 해야 더 효과가 나요."

그러면서 가끔 아이가 하는 일이 맞지 않다 싶을 때 부모가 나서서 아이의 행동을 좌지우지하는 경우가 있는데, 이런 모습이 극성 부모의 잘못된 모습이라고 했다. 요즘 20~30대 청년들이 독립하지 못하고 부모의 집에 얹혀사는 이른바 '캥거루족'들이 늘고 있다고 한다. 부모와 따로 살면서 용돈을 받아 쓰는 경우도 꽤 있다. 이런 현상을 부모에게 의존하는 자녀들의 문제로 돌리는 경우도 많지만, 한편에서는 자녀의 성공을 바라면서 과잉보호하는 '헬리콥터 맘', 쉽게 말해 극성 엄마가 늘어나고 있는 것이 이런 현상을 부추기기도 한다고 한다. 그리고 유승민 위원 어머니의 한 마디가 이런 부모들에게 일침을 놓는 것이 아닐까 싶었다.

"자녀 직장에 전화를 하는 극성 엄마도 있어요. 간호사들이 교대 근무를 하는데 딸이 어디를 청소해야 하는지 전화해서 물어보고 엄마가 싹 해주고 갔다는 말도 들었어요. 그건 아이를 망치는 지름길이에요. 네가 해야 할 일은 직접 해야 한다고 알려주고 자율성을 길러주어야 책임감 있는 사람으로 커나갈 수 있습니다."

결과보다
내용을 보는 부모

─────────── "경기에 최선을 다했니?"

　유승민 위원의 선수 시절, 경기가 끝난 뒤 부모가 늘 물었던 말이라고 한다. 스포츠 국가대표가 되기 위한 경쟁, 그리고 국가대표로서 전 세계 선수들과 치열하게 경쟁해야 하는 경기에서 누구도 1위를 점칠 순 없는 상황. 항상 스스로에게 부끄럽지 않은 경기를 펼쳤고 노력해왔다면 '그걸로 됐다'고 하면서 경기 내용만을 봤다고 한다. 아이들이기에 아무리 열심히 연습했어도 떨려서 시합을 망칠 수도 있고 실수할 수도 있다는 생각 때문이었다. 그런 부모님의 영향 덕분이었는지 유승민 위원도 어린 시절부터 하나의 목표를 세우면 '얼마나 최선을 다했는가'를 가장 중요하게 여겼다고 한다.

　"초등학교 때도 뭘 하나 하면 정말 열심히 했어요. 한번은 쉬는 날에 놀이공원을 갔는데 놀이기구를 안 타요. 제 가방을 들고 보고만 있다가 저에게 타라고 하더라고요. 왜 안 타냐고 물으니까 다치면 운동을 못 하니까 조심한다고 하더라고요. 오른손, 오른팔 잡이인데 항상 가방을 메도 왼손, 왼쪽 어깨를 써요. 탁구를 잘하고 싶으니까 몸 상태까지도 철저하게 관리를 한 거죠. 어린데도 대견하더라고요. 큰 대회가 있을 때도 목표를 세웠으면 정말 열심히 노력해요. 그걸 아니까 저희도 늘 경기 결과보다 내용만 봤어요. 열심히 해도 상대방이 더 열심히 하면 지는 거니까 아버지도 상대방의 경기 내용이 좋은 것은 인정해줘야 한다는 말씀을 많이 해주셨어요."

탁구 국가대표 선수, 아시안 게임에 이어 올림픽에 도전. 코치로의 변신, 또 IOC 선수 위원 도전과 당선… 유승민 위원의 삶의 궤적을 살펴보니 그야말로 도전의 연속이었다. 현실에 안주하지 않고 끝없이 도전하고 노력하는 열정적인 모습에 감탄마저 나왔다. 하지만 그 과정을 들여다보면 얼마나 치열한 노력이 있었을까? 어머니는 목표를 정하면 그야말로 열과 성을 다했던 아들의 일화들을 들려주면서 무엇을 하든 스스로 결과보다 내용을 보는 데 집중하게 되면 '내가 얼마나 노력했는가'에 의미를 가지는 노력형 인간으로 성장할 수 있다는 교훈도 주었다.

"IOC 위원이 되기까지 많은 노력을 했고 성취감도 얻었어요. 그전에도 성취감을 많이 얻어봤으니까 그만큼 준비를 철저히 해야 한다는 것을 잘 알겠죠. IOC 선수위원 후보를 뽑을 때 가족들 앞에서 리허설을 했는데 장인, 장모까지 다 앉혀놓고 양복을 입고 실제로 연설하는 것처럼 똑같이 하더라고요. 얼마나 쑥스럽겠어요? 그래도 뭘 하나를 목표로 삼으면 계획성 있게 철저하게 준비를 해서 도전해요. 무언가에 도전을 할 때 자신감이 있어요. 1등을 하겠다는 자신감이 아니라, 뭘 해도 자신에게 부끄럽지 않을 만큼 노력하고 최선을 다할 수 있다는 자신감이죠."

어머니는 마지막으로 치열한 경쟁 속에서 점점 사람 향기를 잃어가는 아이들을 안타까워하면서 젊은 부모들에게 애정 어린 조언을 덧붙였다.

"아이들 키우면서 무엇보다 중요한 것은 부모들이 즐거워야 한다는 말을 해주고 싶어요. 부부가 건강하고 즐거워야 자녀들도 그런 기운을 전해 받아서 좋은 인성을 가진 아이로 자랄 수 있고, 또 남과 함께 행복하게 어우러지며 살아가는 것을 가치 있게 여기는 어른으로 자랄 수 있습니다. 승민이도 선수들이 보다 나은 환경에서 운동하고 은퇴 후에도 안정적인 삶을 살게 해주고 싶다는 목표가 생겼대요. 그래서 지금도 영어 공부도 계속하고 있고, 봉사직인 만큼 할 일도 많고 바쁘지만 사명감을 가지고 열심히 발로 뛰고 있습니다. 아이들도 부모들도 혼자가 아니라 함께 가면 더 행복하다는 생각을 잊지 않으면 좋겠습니다."

강점 육아

초판 1쇄 발행 2017년 9월 5일

지은이 윤옥희

발행인 곽철식
편집 김영혜
발행처 다온북스

출판등록 2011년 8월 18일
주소 서울 마포구 토정로 222, 415호
전화 02-332-4972 팩스 02-332-4872

인쇄와 제본 민언프린텍

ISBN 979-11-85439-82-2 13590

- 이 책은 저작권법에 따라 보호를 받는 저작물이므로 무단전재와 복제를 금하며, 이 책 내용의 전부 또는 일부를 사용하려면 반드시 저작권자와 다온북스의 서면 동의를 받아야 합니다.
- 잘못되거나 파손된 책은 구입하신 서점에서 교환해 드립니다.